이렇게
기막힌
적중률

웹디자인개발기능사

필기 기본서

2권 · 기출공략집

"이" 한 권으로 합격의 "기적"을 경험하세요!

차례

기출공략집

대표 기출 / 200선

참고 파트03–챕터02–섹션01

합격 강의

001 | 디자인의 의미와 조건

- 디자인(Design)의 의미는 '의장(意匠)', '도안', '계획', '설계'
- 디자인은 수립한 계획을 목적에 맞게 설계하고 발전시켜 나가는 것 또는 그 과정. 미적인 것과 기능적(실용적)인 것을 통합하여 가시적으로 표현하는 것
- 디자인이라는 용어는 '계획을 세우다', '지시하다', '스케치하다'라는 의미의 라틴어 데시그나레(Designare)에서 유래. 프랑스어 데생(Dessin)과도 관련됨
- 디자인 용어는 1920~1930년대 근대 디자인 운동 이후부터 사용됨
- 디자인의 4대 조건 : 합목적성, 경제성, 심미성, 독창성
- 디자인의 5대 조건 : 합목적성, 경제성, 심미성, 독창성, 질서성

합목적성	디자인이 대상과 용도, 목적에 맞게 이루어진 것
경제성	최소의 비용으로 최대의 효과를 얻는 경제의 원리에 맞는 가격
심미성	형태와 색채가 조화를 이루어 '아름다움'의 성질을 만들어내는 것
독창성	다른 제품과 차별화된 창조적이고 주목할만한 것
질서성	합목적성, 심미성, 독창성, 경제성을 조화롭게 갖춘 것

- 굿 디자인 : 합목적성, 경제성, 심미성, 독창성, 질서성을 갖춘 디자인

01 다음 중 디자인의 의미로 합당하지 <u>않는</u> 것은?

① 디자인이라는 말은 라틴어인 데시그나레(Designare)에서 유래되었다.
② 디자인이란 하나의 그림 또는 모형으로서 그것을 전개시키는 계획 및 설계이다.
③ 오늘날과 근접한 디자인의 의미는 미술공예운동을 통해서이다.
④ 프랑스어 데생(Dessin)과도 어원을 같이 한다.

02 디자인(Design)의 의미를 설명한 것으로 틀린 것은?

① 디자인이란 프랑스어로 '데생'에서 유래되었다.
② 도안, 밑그림, 그림, 소묘, 계획, 설계, 목적이란 의미를 기술하고 있다.
③ 디자인은 De(이탈)와 Sign(형상)의 합성어로 기존 것을 파괴하고 새로운 재화를 창출한다는 의미가 포함된다.
④ 디자인은 기존의 것을 유지하며 실용적 가치보다는 예술적 가치의 기준을 말한다.

03 디자인의 조건 중 합목적성에 대한 예시로 가장 올바른 것은?

① 화려한 집이 살기에 편리하다.
② 주로 장식이 많은 의자가 앉기에 편리하다.
③ 의자를 디자인할 때는 앉을 사람의 몸의 치수, 체중을 고려해야 한다.
④ 아름다운 구두가 신기에 편하다.

04 디자인의 조건 중 합목적성에 해당하는 것은?

① 아름다운 미적인 요소를 추구하는 요소
② 사물이 일정한 목적에 적합한 방식으로 존재하는 성질
③ 최소의 경비로 최대의 효과를 얻는 원칙
④ 독특한 것을 처음으로 고안해 내려는 성향

05 일반적으로 디자인이 갖추어야 할 조건으로 가장 중요한 것은?

① 장식적인 요소를 만들어 주는 것
② 실용적인 기능과 조형적인 아름다움을 추구하는 것
③ 상징적인 형태로 단순화시키는 것
④ 타제품과 차별화시키는 것

> **기적의 TIP** 디자인이란 수립한 계획을 목적에 맞게 설계하고 발전시켜 나가는 과정입니다. 디자인이 미적인 것과 실용적인 것을 통합하는 것이라는 것을 기억해두세요. 또 디자인의 4대 조건인 합목적성, 경제성, 심미성, 독창성에 대해 익혀두세요.

정답 01 ③ 02 ④ 03 ③ 04 ② 05 ②

참고 파트03-챕터02-섹션02

 합격 강의

002 | 디자인 구성요소

- 조형 요소는 시각적이며 구조적인 구성요소들을 의미
- 조형 요소는 크게 개념 요소, 시각 요소, 상관 요소로 구분

개념 요소	• 물리적으로 눈으로 볼 수 없지만, 존재한다고 인식 (지각)할 수 있는 요소 • 점, 선, 면, 입체 등
시각 요소	• 형태를 눈으로 지각할 수 있는 요소 • 형 : 단순히 우리 눈에 보이는 모양으로, 2차원적인 경계를 가진 물체의 윤곽이나 3차원적인 모습 • 형태 : 형이 연장 또는 발전되어 이루어지는 3차원적인 모습 • 이념적 형태 : 추상적 형태, 상징적 형태 등 • 현실적 형태(실제 형태) : 구상적 형태, 자연적 형태 (유기적 형태, 나무, 꽃, 동물), 인위적 형태(인간이 만든 것, 기하학적 도형) 등
상관 요소	• 개념 요소와 시각 요소 등 디자인 요소들의 결합에 의해 나타나게 되는 속성 • 위치, 방향, 공간감, 중량감 등

06 디자인의 기본 요소 중 형과 형태에 관한 설명으로 틀린 것은?

① 기본 형태에는 점, 선, 면, 입체가 있다.
② 형태는 일정한 크기, 색채, 질감을 가진다.
③ 형에는 현실적 형과 이념적 형이 있다.
④ 이념적 형은 그 자체만으로 조형이 될 수 있다.

07 점, 선, 면 등이 연장되거나 발전, 변화되는 밀접한 관계에서 이루어지는 조형 디자인 요소는?

① 형태
② 색채
③ 크기
④ 질감

08 형태의 분류 중 이념적 형태에 대한 설명으로 옳은 것은?

① 자연 형태, 인위적 형태로 분류할 수 있다.
② 눈으로 볼 수 있고 손으로 만질 수 있는 모든 형태를 말한다.
③ 점, 선, 면의 이동 형태에 따라 입체를 형성하기 때문에 추상 형태라고 한다.
④ 현실적으로 존재하는 형태를 말한다.

09 입체 디자인의 상관 요소에 해당하지 않는 것은?

① 위치(Position)
② 형태(Shape)
③ 방향(Direction)
④ 공간(Space)

10 다음 ( ) 안에 들어갈 알맞은 용어는?

자연적 또는 인공적 모양 중에서 (A)은/는 외관으로 나타나는 윤곽을 나타내지만, (B)은/는 좀 더 넓은 의미의 일반적인 (A)와/과 모양을 나타내며, 눈으로 파악한 대상물의 기본적 특성을 제시한다.

① A : 점, B : 형
② A : 선, B : 형태
③ A : 형, B : 면
④ A : 형, B : 형태

기적의 TIP 디자인의 조형 요소인 개념 요소, 시각 요소, 상관 요소의 개념에 대해 알아두세요. 특히 형과 형태의 차이에 대해 익혀두세요.

참고 파트03-챕터02-섹션02

 합격 강의

003 | 점, 선, 면, 입체

- 점 : 위치만 가지고 있고, 길이, 깊이, 무게는 없음. 점이 커지면 면으로 인식됨
- 선 : 수많은 점이 모이거나, 점이 이동한 궤적으로 생성. 면의 교차에 의해서도 선이 생김(교선)

수평선	평온, 평화, 안정감, 너비감, 안정감
수직선	높이감, 상승, 엄숙함, 긴장감
사선	운동감, 활동감, 속도감, 불안정함
곡선	부드러움, 우아함, 유연성, 섬세함, 모호함, 동적인 표정
가는 선	섬세함, 정교함, 세련됨, 예리함
굵은 선	힘 있는 느낌, 강함, 중후함, 무거운 표정
유기적인 선	• 자연의 형태에서 나타나는 자연적인 선 • 부드러움, 자유로움, 생동감
무기적인 선	• 기계적으로 생성된 기하학적인 선 • 기계적, 규칙적, 명확함, 인공적인 느낌

- 면 : 선의 이동에 따라 움직인 자취대로 생성됨. 선의 교차나 입체의 한계에서도 면이 생성됨
- 입체 : 면이 이동한 자취 또는 면의 집합으로 이루어짐

11 선(Line)의 종류에 따른 느낌으로 잘못 설명한 것은?

① 사선 : 동적인 상태, 불안정
② 수평선 : 정지상태, 안정감
③ 수직선 : 유연, 풍부한 감정
④ 곡선 : 우아, 섬세

[2025 복원]
12 다음 중 선에 대한 설명으로 거리가 <u>먼</u> 것은?

① 선은 하나의 점이 이동하면서 이루는 자취이다.
② 가는 직선은 예리하고 가볍게 느껴진다.
③ 사선은 동적이고 불안정한 느낌을 주나 사용에 따라 강한 표현에 효과적이다.
④ 곡선은 우아, 매력, 모호, 유연, 섬세함과 정적인 표정을 나타낸다.

[2025 복원]
13 디자인의 요소에 관한 정의가 틀린 것은?

① 점 – 위치만 있고 크기는 없다.
② 선 – 면의 한계 또는 교차
③ 면 – 선의 이동
④ 입체 – 면의 이동

14 면이 이동한 자취로 길이, 폭, 깊이, 형태와 공간, 표면, 방위, 위치 등의 특징을 나타내는 것은?

① 입체
② 평면
③ 면
④ 선

기적의 TIP 디자인의 개념 요소 중 선의 종류와 특성, 면과 입체에 대해 알아두세요. 특히 선이 주는 느낌과 면과 입체의 생성에 대해 자주 출제됩니다.

004 | 디자인 원리

균형	• 대디자인 요소들이 시각적 무게중심을 이루어 안정감을 이룬 것 • 대칭과 비대칭이 있음
조화	각 요소들이 서로 잘 어울리고 조화롭게 결합되어 전체적인 일관성을 이루는 것
대비	형태나 색채 등의 요소에 차이를 주어 강조하는 원리
강조	단조로움을 피하기 위해 시각적 요소 일부를 다르게 표현하는 것
리듬(율동)	• 일정한 패턴이나 주기를 통해 시각적인 흐름을 이룬 것으로 일관성과 시각적 조화를 제공 • 반복과 교차, 점이(점층) 등이 있음
비례	• 요소의 전체와 부분을 연관시켜 크기나 양적 관계를 나타낸 것 • 황금비례 : 두 양의 비율이 1:1.6184인 비례
통일	• 하나의 규칙으로 단일화시키는 것 • 통일성이 있는 디자인은 질서가 느껴짐 • 통일이 지나치면 지루해짐
동세	디자인 요소들이 마치 움직이는 것처럼 보이게 하여 디자인에 생동감과 활력을 더하는 것

15 의도적으로 불규칙한 질서나 변칙적인 변화를 주는 것을 강조라고 한다. 다음 중 이러한 효과가 가장 잘 나타나는 것은?

① 직물의 무늬
② 홈페이지의 배너 광고
③ 파르테논 신전
④ 88 서울 올림픽 3태극 마크

16 디자인 원리와 관련된 용어 설명 중 <u>틀린</u> 것은?

① 조화 : 둘 이상의 요소가 서로 밀접한 관계를 가지고 어울렸을 때를 말하는 것
② 통일 : 정돈과 안정된 느낌을 주는 것
③ 변화 : 크기나 형태 및 색채 등이 같지 않은 것
④ 균형 : 형이나 색 등이 반복되어 느껴지는 아름다운 운동감

정답 11 ③ 12 ④ 13 ② 14 ① 15 ② 16 ④

17 미적 대상을 구상하는 부분과 부분의 사이에 질적으로나 양적으로 모순되는 일 없이 질서가 잡혀 어울리는 것은?

① 균형
② 조화
③ 변화
④ 리듬

18 디자인의 원리에 대한 설명으로 틀린 것은?

① 통일은 조화로운 형, 색, 질감이 각기 다른 특징을 갖고 있다.
② 대칭은 균형의 전형적인 구성 형식이며 좌우대칭, 방사대칭이 있다.
③ 반복은 동일한 요소나 대상 등을 두 개 이상 나열시켜 율동감을 표현하는 것으로 시각적으로 힘의 강약효과가 있다.
④ 조화는 디자인 요소들이 상호관계를 가지고 균형감을 잃지 않은 상태로 이루어진 것을 의미한다.

[2025 복원]

19 디자인 원리 중 리듬을 적용한 웹페이지에 대한 특징으로 옳은 것은?

① 시각적인 일관성을 준다.
② 복잡한 느낌을 준다.
③ 지루하고 단조롭다.
④ 긴장감과 불안감을 준다.

20 다음과 가장 관계 있는 디자인 원리는?

바다 위의 빨간 등대, 무성한 나뭇잎들 사이에서 핀 꽃, 별이 총총한 밤하늘에 뜬 달, 평평한 벽에 생긴 갈라진 틈 등

① 조화
② 통일
③ 점증
④ 강조

21 다음이 설명하고 있는 것은?

• 주어진 길이를 가장 이상적으로 나누는 비를 말한다.
• 근사값이 약 1.618인 무리수이다.

① 비례
② 황금비례
③ 삼각분할
④ 루트비례

기적의 TIP 균형, 비례, 율동, 동세, 통일, 변화, 강조, 대조, 조화 등 디자인의 원리에 대해 알아두세요. 특히 디자인의 원리를 웹페이지에 적용시키면 어떤 효과가 나타나게 되는지 알아두세요.

[참고] 파트05-챕터01-섹션01

005 | 빛, 스펙트럼, 가시광선

• 뉴턴 : 프리즘을 통과한 빛이 파장에 따라 굴절하는 각도가 다른 성질을 이용해 순수 가시광선을 얻었는데 이를 연속광 또는 스펙트럼이라고 함
• 스펙트럼 : 빛의 굴절을 이용해 백색광을 연속된 색으로 분리한 것
• 분광색 : 프리즘을 통과한 스펙트럼에서 분산되어 나타난 순수한 색을 분광색(Spectral Colors)이라고 함
  예 빨강, 주황, 노랑, 초록, 파랑, 남색, 보라
• 가시광선 : 스펙트럼에서 눈에 보이는 파장 범위
  예 대략 380~780nm 범위의 파장
• 적외선 : 가시광선의 바깥 780nm 이상의 긴 파장
  예 라디오나 텔레비전, 휴대폰의 파장 범위
• 자외선 : 가시광선의 바깥 380nm 이하의 짧은 파장
  예 X선, 감마선(γ) 등

[2025 복원]

22 빛에 대한 설명으로 옳지 않은 것은?

① 우리가 눈으로 인식할 수 있는 빛은 가시광선, 자외선, 적외선이 있다.
② 가시광선은 빛의 파장 중 380~780nm 사이의 범위를 말한다.
③ 색이란 빛에 의해 지각되는 지각적 경험이며 빛의 물리적 특성과 관련된다.
④ 자외선이란 짧은 파장이며 적외선은 긴 파장이다.

[정답] 17 ② 18 ① 19 ① 20 ④ 21 ② 22 ①

[2025 복원]

23 빛의 파장에 따른 굴절 각도를 이용하여 프리즘에 의한 가시 스펙트럼 색을 얻을 수 있었는데, 이것은 빛이 단색이 아니라 여러 가지 색의 혼합색이라는 것을 말한다고 정의한 사람은?

① 헤링
② 헬름홀츠
③ 돈더스
④ 뉴턴

[2025 복원]

24 다음 중 분광색(Spectral Colors)에 대한 설명으로 옳은 것은?

① 780nm 이상의 장파장을 의미한다.
② 프리즘을 통과한 스펙트럼에서 분산되어 나타난 순수한 색을 의미한다.
③ 가시광선과 보이지 않는 비가시광선으로 나뉜다.
④ 빛의 굴절을 이용해 백색광을 연속된 색으로 분리한 것이다.

기적의TIP 스펙트럼과 가시광선에 대해 알아두세요. 특히 가시광선의 발견과 파장 범위, 분광색에 대해 익혀두세요.

참고 파트05-챕터01-섹션01

▶합격 강의

006 | 색의 3속성

• 한국산업표준(KS)에 따른 색의 3속성 : 색상(Hue), 명도(Value), 채도(Chroma)

색상(Hue)	• 색의 기본적인 속성으로, 빨강, 파랑 등과 같은 특정한 색조를 의미 • 색채가 느껴지면 유채색, 색채가 느껴지지 않으면 무채색이라고 함 • 우리나라의 기본 색상 : 먼셀의 표준 20색상을 사용
명도 (Value)	• 색의 밝고 어두운 정도, 단계 • 유채색, 무채색은 모두 명도가 있음 • 그레이스케일(Grayscale) : 명도의 단계를 의미
채도 (Chroma)	• 색의 선명도, 순도, 색의 포화상태, 색채의 강약을 의미 • 다른 색상과 무채색을 혼합하면 채도가 낮아짐

• 보색(Complementary Colors) : 색상환에서 서로 반대 위치에 있는 색상으로, 함께 배치하면 강한 대비 효과를 주며 보색을 서로 혼합하면 중립색(회색이나 검정)으로 변함

---

25 다음 중 색의 3속성이 <u>아닌</u> 것은?

① 색상
② 명도
③ 채도
④ 대비

[2025 복원]

26 한국산업표준(KS)에 따른 색의 3속성으로 알맞은 것은?

① Cyan, Value, Chroma
② Hue, Black, Chroma
③ Hue, Value, Cloudy
④ Hue, Value, Chroma

27 색의 속성에 대한 설명으로 틀린 것은?

① 채도는 색의 선명도, 즉 색의 맑고 탁한 정도를 나타내며, 유채색끼리 많이 혼합할수록 채도가 높아진다.
② 명도는 색의 밝고 어두운 정도를 나타낸다. 흰색에 가까울수록 고명도, 검정에 가까울수록 저명도이다.
③ 색상은 명도나 채도에 관계없이 색채를 구별하는 데 필요한 색의 명칭이다.
④ 무채색은 흰색, 검정색, 회색계열로 색상과 채도가 없고 명도의 차이만 있다.

28 색채에 대한 설명으로 옳은 것은?

① 색채는 심리적 성질을 갖지 못한다.
② 어떤 물체가 빨간색 파장을 가장 많이 흡수하면 빨간색 물체로 보이게 된다.
③ 색채의 분류는 무채색, 유채색, 중성색 3가지가 있다.
④ 색채를 느끼는 경우 유채색, 느낄 수 없는 경우 무채색이라 한다.

정답 23 ④ 24 ② 25 ④ 26 ④ 27 ① 28 ④

[2025 복원]

29 웹사이트 디자인에서 가장 먼저 시각적으로 인식되는 요소는 무엇인가?

① 폰트
② 컬러
③ 캐릭터
④ 아이콘 디자인

30 연두, 녹색, 보라, 자주 등은 때로는 차갑게도 때로는 따뜻하게도 느껴질 수 있다. 이러한 색들을 무슨 색이라 하는가?

① 무채색
② 중성색
③ 유채색
④ 순색

기적의TIP 색의 3속성인 색상, 명도, 채도에 대해 알아두세요. 각 속성의 특성에 대한 문제가 자주 출제됩니다.

참고 파트06-챕터01-섹션04

▶합격 강의

007 | 색의 배색과 조화

- 색을 목적에 맞게 표현하기 위해 주변의 색을 고려하여 배치하는 것
- 배색에 따라 조화의 느낌이 달라지므로 배색의 목적과 사용 목적을 고려하여 배색
- 같은 색상을 중심으로 한 배색 : 통일성과 질서로운 느낌
- 같은 색상을 중심으로 명도 또는 채도에 차이를 둔 배색 : 단조로움, 편안함
- 보색 관계의 배색 : 다이나믹하고 대조적인 느낌
- 따뜻한 색의 배색 : 온화하면서 활발함
- 차가운 색의 배색 : 시원하고 침착한 느낌
- 무채색과 유채색의 배색 : 명시성, 가시성이 뛰어남
- 저드(D.B.judd)의 색채조화론 : 색채 조화에 질서, 유사(친숙), 동류(친근), 명료성(비모호성)의 원리

질서성	색상을 규칙을 가지고 선택하여 배색하면 조화를 이룸
유사성	공통성이나 유사성이 있는 색들을 배색하면 조화를 이룸
친근감	친숙한 조합이나 자연환경에 나타난 익숙한 색의 조합은 조화를 이룸
명료성 (비모호성)	색의 속성의 차이와 면적 등 색상의 관계가 모호함이 없이 명료하게 배색되면 조화를 이룸

31 저드(Judd)의 색채 조화론에 해당하지 않는 것은?

① 질서의 원리
② 모호성의 원리
③ 친근성의 원리
④ 유사성의 원리

32 색채 조화의 공통 원리에 관한 설명으로 틀린 것은?

① 질서의 원리 : 색채 조화는 의식할 수 있으며 효과적인 반응을 일으키는 질서있는 계획에 따라 선택된 색채들에서 생긴다.
② 비모호성의 원리 : 색채 조화는 두 색 이상의 배색에 있어서 모호함이 없는 명료한 배색에서만 얻어진다.
③ 동류의 원리 : 가장 가까운 색채끼리의 배색은 보는 사람에게 친근감을 주며 조화를 느끼게 한다.
④ 대비의 원리 : 배색된 색채들이 서로 공통되는 상태와 속성을 가질 때 그 색채는 조화된다.

33 배색을 할 때 고려해야 하는 사항으로 적절하지 않은 것은?

① 사물의 성능이나 기능에 부합되는 배색을 하여 주변과 어울릴 수 있도록 한다.
② 사용자 성별, 연령을 고려하여 편안한 느낌을 가질 수 있도록 한다.
③ 색의 이미지를 통해서 전달하려는 목적이나 기능을 기준으로 배색한다.
④ 목적에 관계없이 아름다움을 우선으로 하고 타제품에 비해 눈에 띄는 색으로 배색하여야 한다.

34 다음 중 배색을 하는 데 있어서 고려해야 할 요소로 옳지 않은 것은?

① 주조색을 먼저 정한 후 나머지 색을 배색한다.
② 배색 목적과 사용 목적을 고려한다.
③ 면적의 비례와 대비 효과 등을 고려한다.
④ 색상 수를 다양하게 하고 대비를 고려해 색을 선택한다.

35 일반적으로 웹디자이너가 홈페이지에 적용할 색상을 설계할 때 고려해야 할 사항으로 거리가 먼 것은?

① 상식적인 수준을 따르는 것이 좋다.
② 보색 사용은 자제한다.
③ 배경색과 배경무늬는 심플한 것이 좋다.
④ 일관성보다 다양한 색상을 고려하여 적용한다.

[2025 복원]
36 사람의 눈에 가장 강한 대비를 주는 효과는?

① 보색
② 유사색
③ 중간색
④ 무채색

기적의TIP 색의 배색과 그에 따른 효과를 알아두세요. 색채조화론에 대해서도 익혀두세요.

참고 파트06–챕터01–섹션04 ▶합격 강의

008 | 동시대비

- 동시대비란 두 색상이 인접되어 있거나, 다른 색 안에 놓여있는 두 가지 색을 동시에 볼 때 색상들이 서로 영향을 미쳐 조화를 이루게 되는 것
- 속성에 따라 색상대비, 명도대비, 채도대비, 보색대비, 연변대비로 분류

색상대비	명도와 채도가 비슷한 두 가지 이상의 색이 인접 해 있을 때 서로 영향을 받아 색상의 차이가 커 보이는 현상
명도대비	명도가 다른 두 색이 함께 배치되어 있을 때 서로 영향을 받아 명도가 다르게 느껴지는 현상
채도대비	• 명도는 비슷하고 채도가 다른 두 가지 이상의 색이 서로 영향을 받아 채도의 차이가 커 보이는 현상 • 무채색 속의 유채색은 더욱 채도가 높아 보임
보색대비	보색이 되는 색상이 인접한 경우 서로 영향을 받아 채도가 높고 선명해 보이는 현상
연변대비	경계선 부분에서 색상대비, 명도대비, 채도대비가 더 강하게 일어나는 현상

37 색의 동시대비 중 색상대비에 대한 설명으로 틀린 것은?

① 명도와 채도가 비슷한 두 가지 이상의 색이 인접해 있을 때 색상의 차이가 커 보이는 현상이다.
② 색상대비는 보색일 경우에 더욱 크게 나타난다.
③ 자극이 약한 색상은 자극이 강한 색상에 영향을 받게 된다.
④ 색상이 가깝게 인접해 있을수록 대비현상이 약하게 나타나고, 서로 멀리 떨어지면 강하게 나타난다.

38 다음 중 채도대비에 대한 설명으로 바른 것은?

① 채도가 높은 선명한 색 위에 채도가 낮은 탁한 색을 놓으면 탁한 색은 더욱 탁하게 보이게 된다.
② 색상환에서 서로 반대쪽에 위치하는 색의 대비이다.
③ 사람의 감각은 색의 3속성 중 채도대비에 가장 민감하다.
④ 무채색은 채도가 없으므로 무채색과 유채색 사이에서는 채도대비가 생기지 않는다.

[2025 복원]
39 보색대비를 사용하려고 한다. (A)에 들어갈 알맞은 색은?

빨강	(A)

① 청록
② 남색
③ 보라
④ 연두

[2025 복원]
40 동시대비에 해당하지 않는 것은?

① 색상대비
② 명도대비
③ 보색대비
④ 유사대비

정답 35 ④ 36 ① 37 ④ 38 ① 39 ① 40 ④

[2025 복원]

41 아래의 두 가지 색상에 대한 설명으로 옳은 것은?

① 채도가 둘 다 낮아진다.
② 채도가 변화 없이 동일하다.
③ 빨강 바탕의 주황 채도가 낮아진다.
④ 회색 바탕의 주황 채도가 낮아진다.

[2025 복원]

42 따뜻한 색채는 차가운 색채와 함께 있을 때 더욱 따뜻하게 느껴지고, 차가운 색채도 따뜻한 색채와 함께 있을 때 더욱 호소력이 강해지는 색의 대비로 옳은 것은?

① 명도대비
② 색상대비
③ 동시대비
④ 한난대비

기적의TIP 동시대비는 색상, 채도 등에 따라 대비가 일어납니다. 동시대비에 속하는 색상, 명도, 채도, 보색, 연변대비의 특징에 대해 꼭 알아두세요.

참고 파트06-챕터01-섹션04

▶ 합격 강의

009 | 계시대비와 잔상

- 계시대비 : 색상을 보고 난 후 일정한 시간 후에 느껴지는 대비 효과. 일종의 소극적 잔상
  예) 녹색 배경에 있는 회색 사각형을 계속 응시하다가 흰색 배경을 바라보면 붉은 바탕에 녹색 사각형이 있는 것처럼 보임
- 잔상 : 망막이 느낀 자극이 계속 남아있어 지속적으로 형상이 남는 것
  - 긍정적(양성적) 잔상 : 명도와 색상에 대한 자극이 그대로 지속됨
  - 소극적(음성적) 잔상 : 색상, 명도, 채도가 반대로 느껴짐

[2025 복원]

43 피가 많은 수술실에서 적용할 수 있는 적합한 색상은?

① 보라
② 녹색
③ 검정
④ 주황

44 흰색의 바탕 위에서 빨간색을 20초 정도 보고난 후, 빨간색을 치우면 앞에서 본 빨간색과 동일한 크기의 청록색이 나타나 보이는 현상은?

① 보색잔상
② 망막의 피로
③ 계시대비
④ 동시대비

기적의TIP 계시대비는 동시대비와 달리 색상을 보고 난 후 일정한 시간이 지난 후에 느껴지는 대비효과로 잔상과 관련이 있습니다. 계시대비의 특징을 알아두세요.

참고 파트06-챕터01-섹션05

 ▶ 합격 강의

010 | 색의 연상과 치료

색을 볼 때 심리적 활동의 영향으로 구체적인 형상이나, 의미, 관념이 떠오르는 것

검정	엄숙미, 무게감, 슬픔
빨강	정열, 용기, 무활력 치료
녹색	진행, 신념, 건강, 휴식, 안전
파랑	냉정, 차가움, 자신감, 신뢰감
식욕 돋움	주로 따뜻한 색(난색), 빨강, 주황, 노랑
식욕 저하	주로 차가운 색(한색), 녹색, 파랑

정답 41 ③ 42 ④ 43 ② 44 ①

[2025 복원]

45 다음 중 보기에 나타난 특징과 관련된 색은?

- 색깔이 또렷하고 잘 보인다.
- 쓸쓸하고 차가운 느낌을 가진다.
- 냉철하고 이성적인 느낌을 주며, 안정감을 제공한다.

① 파란색

② 검정색

③ 빨간색

④ 노란색

[2025 복원]

46 건강식품 판매 웹사이트 색상으로 적절한 것은?

① 초록

② 노랑

③ 주황

④ 빨강

기적의 TIP 파랑은 바다를 연상시키는 것처럼 색의 상징과 연상은 일반적으로 공통되게 나타납니다. 색이 주는 연상과 색의 효과에 대해 알아두세요.

참고 파트06-챕터01-섹션05 합격 강의

011 | 색의 진출과 후퇴

- 따뜻한 색, 명도, 채도가 높은 색은 진출하는 것처럼 느껴짐
- 차가운 색, 명도, 채도가 낮은 색, 무채색은 후퇴하는 것처럼 느껴짐
- 유채색이 무채색보다 더 진출하는 것처럼 느껴짐
- 무채색은 유채색보다 더 후퇴하는 것처럼 느껴짐

[2025 복원]

47 다음 중 보기에서 설명하는 색의 특징으로 옳은 것은?

〈보기〉

검은 종이 위에 노랑과 파랑을 나열하고 일정한 거리에서 보면 노랑이 파랑보다 가깝게 보인다.

① 후퇴색

② 팽창색

③ 진출색

④ 수축색

48 색에 대한 설명으로 옳은 것은?

① 차가운 색이나 명도와 채도가 낮은 색은 진출색으로 돌출되어 보인다.

② 따뜻한 색이나 명도가 높은 색은 부피가 팽창되어 보인다.

③ 무채색이 유채색보다 돌출되어 보인다.

④ 무채색 바탕에 따뜻한 색과 차가운 색의 크기가 같은 원을 올려놓으면 따뜻한 색의 원이 더 후퇴되어 보인다.

기적의 TIP 색의 진출과 후퇴에 대해 알아두세요. 어떻게 배색할 때 더욱 진출해 보이고 후퇴해 보일 수 있는지에 대해 숙지하세요.

참고 파트06-챕터01-섹션04 합격 강의

012 | 주목성과 명시성

- 명시성 : 먼 거리에서도 잘 보이는 성질(= 가시성, 시인성)
  - 색상, 명도, 채도의 차이가 클수록 명시성이 높아짐
  - 무채색과 유채색의 배색은 명시성, 가시성이 뛰어남
- 주목성 : 색 자체가 명도나 채도가 높아서 시각적으로 빨리 눈에 띄는 성질
  - 따뜻한 색과 명도와 채도가 높은 색일수록 주목성이 높아짐

[2025 복원]

49 색의 주목성에 대한 설명으로 옳은 것은?

① 명도가 높으면 주목성이 높다.

② 채도가 높으면 주목성이 낮다.

③ 차가운 한색은 따뜻한 난색보다 주목성이 높다.

④ 명시성이 높으면 상대적으로 주목성이 낮다.

50 다음 중 명시성(가시성)이 가장 높은 색의 조합은?

① 백색 바탕에 적색 글씨

② 백색 바탕에 검정 글씨

③ 청색 바탕에 백색 글씨

④ 노랑 바탕에 검정 글씨

정답 45 ① 46 ① 47 ③ 48 ② 49 ① 50 ④

51 색의 주목성에 대한 설명으로 **틀린** 것은?

① 색의 진출, 후퇴, 팽창, 수축과 관련된 현상으로 사람들의 시선을 끄는 힘을 말한다.

② 거리의 표지판, 도로 구획선, 심벌마크 등 짧은 시간에 눈에 띄어야 하는 경우에 사용된다.

③ 명시도가 높으면 상대적으로 주목성이 낮다.

④ 명도, 채도가 높은 색이 주목성이 높다.

기적의TIP 명시성, 주목성이 높은 색상을 사용해 디자인하는 경우 해당 요소를 눈에 빨리 띄게 할 수 있습니다. 명시성과 주목성이 높은 색과 이와 관련한 배색에 대해 알아두세요.

참고 파트05−챕터01−섹션01

013 | 색 지각, 박명시, 푸르킨예 현상

 ▶합격 강의

- 색 지각 요소 : 빛의 원천과 밝기(광원), 빛을 반사하거나 흡수하는 사물(물체), 색을 감지하고 해석하는 기능(시각)이 필요
- 박명시 : 명소시(밝은 환경)와 암소시(어두운 환경)의 중간 무렵, 즉 어두움이 시작될 때 추상체와 간상체가 동시에 활동하여 명암순응이 되는 동안 물체의 상이 흐리게 나타나는 현상
- 푸르킨예 현상 : 명소시(밝은 환경)에서 간소시(중간 밝기 환경)로 전환될 때, 암순응이 되면서 파랑과 빨강의 명도에 대한 인식이 달라지는 현상
  − 빛이 강한 주간에는 장파장의 빛인 빨강과 노랑이, 빛이 약할 때는 단파장의 빛인 파랑이나 초록이 감도가 좋아짐

52 색 지각의 3요소로 옳게 구성된 것은?

① 광원, 물체, 시각
② 광원, 색채, 시각
③ 광원, 색감, 시각
④ 광원, 촉각, 시각

[2025 복원]
53 어두움이 시작될 때 추상체와 간상체가 동시에 활동하여 명암순응이 되는 동안 물체의 상이 흐리게 나타나는 현상은?

① 박명시
② 암소시
③ 명소시
④ 암순응

54 다음이 설정하고 있는 현상으로 옳은 것은?

- 망막에 상이 흐리게 맺혀 윤곽이 선명하게 보이지 않는다.
- 날이 저물기 직전의 약간 어두움이 깔리기 시작할 무렵에 작용한다.
- 추상체와 간상체가 동시에 활동한다.
- 색의 판단을 신뢰할 수 없다.

① 박명시
② 암소시
③ 명소시
④ 암순응

55 해질 무렵 정원을 바라보면 어두워짐에 따라 꽃의 빨간색은 거무스레해지고, 그것에 비해 나뭇잎의 녹색은 점차 뚜렷해짐을 볼 수 있다. 이것과 관련된 현상을 무엇이라고 하는가?

① 지각 항상성
② 푸르킨예 현상
③ 착시 현상
④ 게슈탈트의 시지각 원리

56 건물 내 비상구 표시나 계단의 비상표시등은 어두운 곳에서도 볼 수 있게 초록으로 하는 것은 무슨 현상을 응용한 것인가?

① 푸르킨예 현상
② 명도대비 현상
③ 동화효과 현상
④ 확대 현상

기적의TIP 푸르킨예 현상은 빛이 강할 때는 장파장의 빛(빨강), 빛이 약할 때는 단파장의 빛(파랑)의 감도가 좋아지는 현상이며, 박명시는 푸르킨예가 일어나게 되는 시각 상태(그러한 때)에서 물체의 상이 흐리게 나타나는 현상을 의미합니다. 푸르킨예와 박명시를 비교해서 알아두세요.

014 | 게슈탈트 시지각 원리

사물을 볼 때 무리로 묶어서 보려는 지각 심리에 의해 관련 있는 요소끼리 통합된 것으로 지각되는 것

근접성의 법칙	서로 가까이 있는 요소들은 하나의 그룹으로 인식됨
유사성의 법칙	크기, 모양, 색상, 질감 등 비슷한 요소들은 같은 그룹으로 인식됨
연속성의 법칙	선이나 곡선을 따라 배열되거나 진행 방향이 비슷하면 하나로 인식됨
폐쇄성의 법칙	닫혀있지 않은 도형을 심리적으로 닫아서 하나의 형태로 묶어서 인식함
공통 운명의 법칙	같은 방향으로 움직이거나 변화되는 요소는 하나의 그룹으로 인식됨

57 다음 중 게슈탈트의 시각에 관한 법칙으로 볼 수 없는 것은?

① 근접의 원리
② 유사의 원리
③ 연속의 원리
④ 통일의 원리

58 다음의 그림처럼 일부분이 끊어진 상태인데도 불구하고 문자로 인식되는 것은 어떤 원리 때문인가?

① 대칭성
② 유사성
③ 폐쇄성
④ 연속성

기적의TIP 게슈탈트 시지각 법칙의 원리에 대해 알아두세요. 설명이나 그림을 보고 해당하는 원리를 찾을 수 있도록 익혀두세요.

015 | 색명법

색에 이름을 붙여 색을 표현하기 쉽도록 규정하는 것

기본색명	표색계에 의해 규정하는 방법 ⑩ 빨강, Red, R
일반색명 (계통색명)	색 이름에 감성적으로 느껴진 느낌이나 색채의 톤을 수식어로 덧붙여 사용하는 방법 ⑩ 어두운 파랑, 연보라
관용색명	관습적이거나 연상적인 느낌으로 이름을 붙이는 방법 ⑩ 귤색, 무지개색, 코발트 블루

59 과거부터 전해 내려와 습관적으로 사용하는 색 하나의 색명을 무엇이라 하는가?

① 일반색명
② 계통색명
③ 관용색명
④ 특정색명

60 관용색명의 특징으로 볼 수 없는 것은?

① 시대나 유행에 따라서 다소 변하기도 하므로 정확한 색의 전달이 어렵다.
② 무수히 많은 색 이름과 그 어원을 가지고 있어서 한꺼번에 습득하기가 어렵다.
③ 어느 특정한 색을 여러 가지 언어로 표현하고 있기 때문에 복잡하고 혼동하기 쉽다.
④ 몇 가지의 기본적인 색 이름에 수식어, 색상의 형용사를 덧붙여서 부른다.

61 계통색명이라고도 하며 색상, 명도, 채도를 표시하는 색명은?

① 특정색명
② 관용색명
③ 일반색명
④ 근대색명

기적의TIP 일반색명과 관용색명의 차이점에 대해 묻는 문제가 출제됩니다. 일반색명과 관용색명의 특징을 기억해두세요.

정답 57 ④ 58 ③ 59 ③ 60 ④ 61 ③

합격 강의

016 | 표색계

- 색체계 : 물채색을 표시하는 색상 체계를 의미하는 것으로 말로 표현하기 어려운 색을 기호화하여 정확한 정보로 표현하는 것

오스트발트	• 색을 B(검정비율) + W(흰색비율) + C(순색량) = 100%가 되는 혼합비로 규정 • 색상환은 헤링의 4원색인 빨강–청록, 노랑–남색이 서로 마주보도록 배치한 후 그 사이에 주황, 파랑, 자주, 황록을 배치하여 8색을 기본색으로 구성
NCS	• 노랑, 빨강, 파랑, 녹색 등 4개 원색과 흰색, 검정(Schwarz)을 더해 총 6색을 기본색으로 하여 심리적인 혼합비로 색상을 표현 • 색상값 = (검정비율 + 색채량(Y + R + B + G)) + 흰색비율 = 100% • 노르웨이, 스페인, 스웨덴의 국가 표준색 • 영종도 인천국제공항 색채 계획에 적용됨
CIE	• 국제조명위원회에서 고안한 국제적인 색채표준 • 빛의 3원색인 R/G/B를 X/Y/Z의 양으로 나타냄
L*a*b*	• 색을 명도(L*), 색상(a*) 및 색상(b*) 세 가지 구성 요소로 표현 • RGB나 CMYK와 달리 장치 독립적이기 때문에 색의 오차 보정에 많이 활용

- 현색계 : 시각적 감각을 통해 색을 측정하고, 색을 정량적 및 정성적으로 분류하여 정의하는 방법
  - 색의 3속성인 색상 · 명도 · 채도에 따라 기호나 번호를 붙인 표준 색표를 정하여 표시
- 혼색계 : 색체계에서 심리적, 물리적 빛의 혼색 실험 결과를 기초로 색을 정하는 방법

현색계	먼셀, 오스트발트, NCS, DIN, KS색명(한국산업규격), OSA(미국광학협회규격)
혼색계	CIE, L*a*b*

[2025 복원]

62 다음 중 성격이 나머지와 <u>다른</u> 것은?

① NCS
② OSA
③ CIE
④ DIN

[2025 복원]

63 다음에서 설명하는 컴퓨터 그래픽스의 색상 체계로 옳은 것은?

- 국제조명협회가 국제표준으로 제안한 색상 체계이다.
- RGB와 CMYK의 색상 차이를 조절하는 데 사용한다.

① RGB컬러
② 비트맵
③ L*a*b* 컬러
④ 인덱스 컬러

[2025 복원]

64 다음 중 노랑, 빨강, 파랑, 녹색 네 가지 원색에, 흰색, 검정의 무채색을 더해 6가지 색을 기본색으로 하는 인간의 시각 경험에 기반한 체계로, 영종도 인천국제공항 색채 계획에도 적용된 색체계는?

① NCS
② KS(한국산업표준)
③ CIE
④ 먼셀

기적의 TIP 물체색을 표시하는 색상 체계를 의미하는 표색계에 대해 알아두세요. 특히 현색계와 혼색계를 구분하여 익혀두세요.

합격 강의

017 | 먼셀 표색계

- 색의 삼속성인 색상(Hue), 명도(Value), 채도(Chroma)를 사용하여 색상을 HV/C로 축약해서 표시
  - 5R 5/10(5R의 5의 10)로 표시된 색상 : 5R(빨강) 색상, 명도 5, 채도 10인 색상

색상(Hue)	• 색상(H)은 빨강(5R), 노랑(5Y), 녹색(5G), 파랑(5B), 보라(5P)를 기준으로 하여 중간 색상을 추가해 10색상을 만든 후, 다시 20색상으로 등분 – 색상은 1~10까지 함량을 표시 – 10색상환 : 빨강(R), 노랑(Y), 녹색(G) 파랑(B), 보라(P)를 기본으로 하여, 중간 색상인 YR(주황), GY(연두), BG(청록), PB(군청), RP(자주)를 추가
명도 (Value)	• 명도(V)의 단계는 이상적인 흑색을 0, 이상적인 백색을 10으로 하여 총 11단계로 구분 • 수치가 높을수록 고명도, 낮을수록 저명도로 구분 – 고명도 : 노랑, 연두 – 중명도 : 빨강, 주황, 녹색, 파랑, 자주 – 저명도 : 남색, 감청색, 보라
채도 (Chroma)	• 채도는 무채색을 0으로 하여 순색까지 최고 16단계로 표기 • 수치가 높을수록 고채도, 낮을수록 저채도로 구분 • 색상마다 채도의 단계가 다름

- 먼셀 색입체 : 색상, 명도, 채도를 알아보기 쉽도록 3차원 형태로 배열한 것
  - 색입체 안쪽에서 바깥쪽 방향 : 색입체에서 바깥쪽으로 갈수록 채도가 높아지고 안쪽으로 갈수록 낮아짐. 가장 바깥쪽이 순색
  - 색입체 모형의 중심축 : 수직으로 명도의 단계가 나열됨. 수직에서 위로 갈수록 명도가 높아지고 아래로 갈수록 낮아짐
  - 색입체의 둘레 : 색상이 둘러싸고 있으며 수평 단면을 보면 명도가 같은 여러 색들을 한 눈에 볼 수 있음

유사색	색상환에서 가까이에 이웃한 색 예 빨간색과 주황색, 노란색
보색	• 색상환에서 정반대쪽에 위치한 색상 • 색상환에서 마주보는 보색을 혼합하면 검정에 가까운 무채색이 됨 예 빨강과 청록, 노랑과 남색, 연두와 보라

65 먼셀의 색입체에 대한 설명으로 틀린 것은?

① 색상, 명도, 채도의 3속성 2차원 좌표에서 색 감각으로 보는 데 용이하다.
② CIE의 색표와 연관성이 용이하다.
③ 실제로 사용하고 있는 모든 물체색이 색입체에 포함되어 있다.
④ 모든 색상의 채도 위치가 달라 배색 체계를 응용하기 용이하다.

66 먼셀의 표색계에서 색상을 표시하는 기호로 맞는 것은?

① C/HV
② HC/V
③ HV/C
④ CV/G

67 먼셀 표색계에 관한 설명과 거리가 먼 것은?

① 색은 색상, 명도, 채도의 3속성으로 구분한다.
② 색의 3속성을 공간에 배열한 것을 색입체라고 한다.
③ 색상의 최초 기준색은 빨강(R)이다.
④ 무채색 축 안쪽으로 채도가 높은 색을 배열한다.

[2025 복원]

68 먼셀 색입체에서 입체의 가로 방향에 해당하는 B 부분에 대한 설명으로 옳은 것은?(단, A는 입체의 상하, B는 입체의 가로 방향, C는 입체의 둘레를 의미한다.)

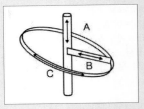

① 명도를 나타내며 바깥쪽으로 갈수록 명도가 높아진다.
② 채도를 나타내며 바깥쪽으로 갈수록 채도가 높아진다.
③ 색상을 나타내며 여러 색상들의 나열을 볼 수 있다.
④ 색상을 나타내며 색입체의 가장 안쪽에 순색이 위치한다.

정답 65 ① 66 ③ 67 ④ 68 ②

69 다음 중 명도가 가장 낮은 색상으로 짝지어진 것은?

① 보라색, 감청색
② 빨간색, 주황색
③ 빨간색, 노란색
④ 보라색, 노랑색

기적의 TIP 먼셀 표색계는 가장 대표적인 표색계이며, 우리나라의 KS 규격에도 사용됩니다. 먼셀 표색계에 대해서는 자주 출제되므로 표색계의 내용과 색입체 구성에 대해 정확히 알아두세요.

[참고] 파트03-챕터03-섹션02

▶합격 강의

018 | HTML

• HTML : Hyper Text Markup Language의 줄임말. 웹의 표준을 관장하는 W3C에서 발표한 웹페이지 제작을 위한 기본 언어
• XHTML : HTML을 XML(eXtensible Markup Language) 기반으로 재구성
• DHTML 기술 : HTML, CSS, JavaScript를 결합하여 사용자와 상호작용이 가능한 동적 웹페이지를 만드는 기술
• 주석문은 〈!– – 주석 내용 – –〉로 표기
• HTML 문서는 태그(TAG)라는 요소로 구성됨
  – HTML 문서는 〈HTML〉 태그로 시작하고 〈/HTML〉 태그로 끝남
  – 태그는 대소문자를 구별하지 않음
  – 보통 시작 태그와 종료 태그가 있으나 〈BR〉, 〈IMG〉, 〈HR〉는 종료 태그가 없음

〈A〉	Anchor(앵커)라는 의미로, 문서 등을 연결하는 하이퍼링크 태그
〈BR〉	줄 바꿈 태그
〈P〉	문단 구분 태그
목록	• 〈UL〉 : 순서가 없는 목록 • 〈OL〉 : 순서가 있는 목록

[2025 복원]

70 웹페이지에서 아래 첨자를 지정할 때 사용되는 HTML 태그는?

① 〈S〉
② 〈SUB〉
③ 〈SUP〉
④ 〈TT〉

[2025 복원]

71 아래로 길어진 문서에서 이용자의 편의를 위해 문서 중간에 밑줄 그어진 목차를 누르면 문서 상단으로 이동하는 HTML은?

① 〈a href="#top"〉문서 상단으로 이동〈/a〉
② 〈button onclick="location.href='#top'"〉문서 상단으로 이동〈/button〉
③ 〈span onclick="window.location='#top'"〉문서 상단으로 이동〈/span〉
④ 〈label for="top"〉문서 상단으로 이동〈/label〉

[2025 복원]

72 HTML 태그 중 줄 바꿈 태그로 옳은 것은?

① 〈PRE〉
② 〈LI〉
③ 〈BR〉
④ 〈HR〉

[2025 복원]

73 HTML 태그 중에서 문단을 나눌 때 사용하는 태그는?

① 〈P〉
② 〈BR〉
③ 〈HR〉
④ 〈BODY〉

[2025 복원]

74 HTML의 특징으로 옳지 <u>않은</u> 것은?

① HTML은 Markup 언어이다.
② HTML 문서는 ASCII 코드로 구성된 일반적인 텍스트 파일이다.
③ HTML 문서는 사용자가 정의한 태그(tag)를 이용해 작성될 수 있다.
④ HTML은 컴퓨터 시스템이나 운영체제에 독립적이다.

[정답] 69 ① 70 ③ 71 ① 72 ③ 73 ① 74 ③

[2025 복원]

75 하이퍼텍스트에 사용되는 〈A〉 태그에서 A가 지칭하는 용어는?

① 앤드(And)

② 오토(Auto)

③ 앵커(Anchor)

④ 애널리틱스(Analytics)

[2025 복원]

76 HTML의 태그(tag)에 관한 설명으로 옳은 것은?

① 태그는 시작 태그만 필요하다.

② 태그의 이름은 대소문자를 구분하지 않는다.

③ 태그를 중첩하여 사용할 수 없다.

④ 여러 개의 공백 문자들은 각기 달리 인식된다.

77 HTML에 대한 설명으로 옳지 <u>않은</u> 것은?

① HTML은 링크나 앵커 등 하이퍼텍스트의 개념을 태그로 명확히 정의한 언어이다.

② HTML은 디렉터무비, 플래시무비, MIDI 사운드를 삽입하는 태그를 갖고 있다.

③ HTML은 DTD(Dcoument Type Definition) 기능을 이용하여 새로운 태그를 정의하여 사용할 수 있다.

④ HTML은 문서 내에 직접 기술하여 프로그래밍할 수 있는 JavaScript를 지원한다.

[2025 복원]

78 HTML의 단점을 개선해 동적인 웹페이지를 만들 수 있도록 하기 위한 것으로 브라우저에서 실행되어 서버의 부담이 적고, 이벤트에 대한 즉각적 반응이 가능한 기술은?

① DHTML

② ActiveX

③ WML

④ VML

> **기적의TIP** HTML 태그와 문서에 대한 문제는 매우 자주 출제되는 주제입니다. 주요 태그의 사용법과 특성에 대해 익혀두세요.

019 | 스타일시트(CSS)

- CSS(Cascading Style Sheets)는 HTML 문서의 레이아웃, 색상, 폰트 등 스타일을 정의하는 데 사용되는 스타일시트 언어로, W3C에서 제시하고 관리하는 웹 표준
- 텍스트의 색상과 여백 형식, 페이지의 요소 정렬, 폰트 스타일과 크기 등을 일관적으로 사용하기 위해 웹페이지의 문서 스타일을 미리 정의하여 저장해 두는 것
- HTML 문서의 콘텐츠와 시각적인 표현을 분리하여 웹페이지의 스타일을 일관되게 적용할 수 있도록 함
- 스타일시트는 웹페이지 제작에서 효율성과 일관성을 제공
- HTML 문서의 포맷용 언어로서 브라우저나 플랫폼의 종류에 많은 제한을 받지 않음
- 스타일시트는 HTML 내부에 정의하거나, 외부 문서로 별도로 정의하여 사용

HTML 내부	• HTM 문서 내부에 스타일시트 정의 • 〈style〉 태그를 이용하여 정의
외부 문서	• 웹 표준에서는 CSS 스타일을 외부 파일로 분리 • '*.css' 파일로 별도로 저장하고 〈link〉 태그를 사용하여 HTML 문서와 연결 • '@import'을 사용하여 〈style〉〈/style〉 안에 외부 스타일시트를 불러옴

[2025 복원]

79 〈Style〉〈/Style〉 태그 안에서 다른 외부 CSS를 불러오는 HTML로 옳은 것은?

① @open url('styles.css');

② @include url('styles.css');

③ @require url('styles.css');

④ @import url('styles.css');

80 웹페이지의 외형을 제어하기 위한 언어인 스타일시트(Style Sheet)에 대한 설명 중 적합하지 <u>않은</u> 것은?

① 하나의 문서만 수정해도 한꺼번에 여러 페이지의 외형과 형식을 수정할 수 있다.

② 스타일시트에서 글꼴, 색상, 크기, 정렬 방식 등을 미리 지정하여 필요한 곳에 적용할 수 있다.

③ 같은 스타일시트를 사용하는 문서에는 문서들의 일관성을 쉽게 유지할 수 있다.

④ 웹페이지의 레이아웃 편집을 강화하여 브라우저나 플랫폼의 종류에 많은 제한이 따른다.

정답 75 ③ 76 ② 77 ③ 78 ① 79 ④ 80 ④

81 스타일시트(CSS)에 대한 설명으로 잘못된 것은?

① 〈STYLE〉과 〈/STYLE〉태그를 사용하여 〈HTML〉과 〈/HTML〉 안의 어느 위치에서든 정의할 수 있다.

② 스타일시트를 지원하지 않는 브라우저에서 코드가 보이지 않게 하기 위해 주석문을 보통 사용한다.

③ 외부스타일시트의 파일타입(확장자)는 .CSS이다.

④ 〈SPAN〉과 〈DIV〉태그를 사용하여 특정 범위에 스타일을 정의할 수 있다.

[2025 복원]

82 아래의 코딩이 적용된 경우 웹 브라우저에 나타나는 결과는?

```
〈!DOCTYPE html〉
〈html〉
〈head〉
   〈meta charset="UTF-8"〉
   〈title〉Webpage〈/title〉
   〈style〉
      body {
         margin: 200px;
         line-height: 1.5;
         color: blue;
         z-index: 10;
         opacity: 1;
      }
   〈/style〉
〈/head〉
〈body〉
   〈p〉Hello〈/p〉
〈/body〉
〈/html〉
```

① 본문의 색상이 blue로 나타난다.

② 본문의 글자 높이가 1.5배 커진다.

③ 본문의 기울기가 10 정도 기울어진다.

④ 웹사이트 여백이 200px으로 조정된다.

83 다음 중 스타일시트와 〈BODY〉 태그 속성과의 연결이 틀린 것은?

① A:link{color:#ff0000;} — 〈body link="#ff0000"〉

② A:active{color:#ff0000;} — 〈body alink="#ff0000"〉

③ A:hover{color:#ff0000;} — 〈body hlink="#ff0000"〉

④ A:visited{color:#ff0000;} — 〈body vink="#ff0000"〉

> **기적의TIP** CSS는 콘텐츠와 레이아웃을 분리해 관리하며 웹페이지에 일관적인 형식을 적용시킬 수 있게 하는 표준입니다. CSS의 특징과 사용에 대해 잘 알아두세요. CSS 코딩 문제도 출제되므로 익혀두세요.

[참고] 파트04-챕터05-섹션03

▶합격 강의

020 | 자바스크립트(JavaScript)

• 인터렉티브 웹페이지 제작을 위해 사용되는 객체 지향적인 스크립트 언어

• 컴파일 과정을 거치지 않고 클라이언트 측(브라우저)에서 인터프리터가 소스 코드를 직접 해석하고 실행

• HTML 문서 사이에 직접 기술하거나, 별도 파일로 분리하여 참조하여 사용

HTML 내부	HTM 문서 내부에 〈script〉 태그를 이용해 정의
외부 문서	'*.js' 파일로 별도로 저장하고 〈script〉 태그를 사용하여 참조

• 변수명은 영문 대소문자, 숫자, 밑줄(_)을 사용할 수 있으며, 첫 글자는 반드시 영문자나 밑줄로 시작

• 내장함수는 이미 정의되어 제공되는 함수로서 함수의 정의 없이 바로 사용할 수 있음

alert( )	사용자에게 정보나 경고 메시지를 전하기 위한 대화상자(알림창)를 생성
eval( )	문자열로 입력된 표현식을 코드로 실행하는 내장함수
confirm( )	[확인]이나 [취소]를 선택하도록 하는 대화상자를 생성

• 연산자 우선 순위 : 가장 높은 것은 괄호( ), 대괄호[ ], 가장 낮은 것은 대입 연산자 =, +=, −=

84 자바스크립트에 관한 설명으로 **틀린** 것은?

① 웹 서버에 주는 부담이 적다.
② 소스코드를 감출 수 없다.
③ 컴파일 방식의 언어이다.
④ 운영체제의 제약을 받지 않는다.

[2025 복원]
85 자바스크립트에 대한 설명으로 옳지 않은 것은?

① 서버에서 컴파일한 결과를 HTML 문서에 삽입하며, HTML 파일과 별도로 존재한다.
② 사용자가 컴퓨터와 대화하듯 메시지를 주고받을 수 있는 홈페이지 제작이 가능하다.
③ HTML로는 표현이 불가능한 프로그램적인 활용이나 동적인 표현이 가능하다.
④ 웹 브라우저에서 사용할 수 있는 스크립트 언어로 HTML 문서 내에 함께 기술될 수 있다.

86 자바스크립트(Javascript)에 대한 설명으로 **틀린** 것은?

① 자바스크립트를 지원하는 브라우저만 있으면 모든 운영체제에서 실행된다.
② 자바스크립트는 소스프로그램을 컴파일한 후 HTML 문서에 삽입한다.
③ 자바스크립트 객체는 자신의 프로토타입 객체에 있는 프로퍼티를 상속받는다.
④ 클라이언트측 자바스크립트는 HTML 문서 내에 적용하여 브라우저를 제어하는 데 사용된다.

87 자바스크립트에 대한 설명으로 **틀린** 것은?

① 자바스크립트 언어를 사용하기 위해서는 자바(JAVA) 언어를 필독해야 한다.
② 자바스크립트는 썬마이크로시스템즈와 넷스케이프가 공동으로 개발한 스크립트 언어이다.
③ 자바스크립트 코드는 html 문서에 〈script〉......〈/script〉 태그 안에 작성해야 한다.
④ 자바스크립트 코드를 html 문서와 별도의 파일로 작성하여 사용할 수도 있다.

[2025 복원]
88 자바스크립트 언어에 대한 설명으로 **틀린** 것은?

① 자바스크립트 언어에서 변수명은 숫자 및 특수문자로 시작할 수 없다.
② 자바스크립트 언어는 HTML과 웹 브라우저와는 상호작용할 수 있지만, VRML과 같은 인터넷 자원과는 상호작용할 수 없다.
③ 자바스크립트 언어는 대·소문자를 구분한다.
④ 함수 eval()는 자바스크립트의 내장함수이다.

89 자바스크립트의 장점으로 볼 수 없는 것은?

① 컴파일 과정을 거치지 않기 때문에 신속한 개발을 할 수 있다.
② 웹상에서 인터렉티브한 웹페이지를 만드는 데 많이 사용된다.
③ 어떤 운영체제와 하드웨어에서도 작동하는 이식성이 높은 언어이다.
④ 자바스크립트를 이용한 응용프로그램은 브라우저가 제한하는 기능적 한계를 벗어날 수 있다.

[2025 복원]
90 다음 자바스크립트의 연산자 중 우선순위가 가장 높은 것은?

① [ ]
② ++
③ %
④ !

91 자바스크립트의 내장함수에 해당되지 않는 것은?

① fun_define()
② eval()
③ parseInt()
④ escape()

정답 84 ③ 85 ① 86 ② 87 ① 88 ② 89 ④ 90 ① 91 ①

92 다음 중 자바스크립트의 이벤트 핸들러에 대한 종류와 설명이 옳지 않은 것은?

① onBlur : 대상이 포커스를 잃어버렸을 때 발생되는 이벤트를 처리
② onFocus : 대상에 포커스가 들어왔을 때 발생되는 이벤트를 처리
③ onMouseOn : 마우스가 대상의 링크나 영역 안에 위치할 때 발생되는 이벤트를 처리
④ onMouseOut : 마우스가 대상의 링크나 영역 안을 벗어날 때 발생되는 이벤트를 처리

93 자바스크립트의 Window 객체 중 일반적으로 다음 그림과 같이 다이얼로그 박스를 나타내는 메소드는?

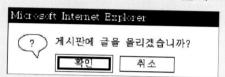

① open()
② prompt()
③ alert()
④ confirm()

94 다음과 같은 자바스크립트 소스를 헤드(head) 태그 안에 삽입 시 브라우저에서 적용되는 결과는?

```
<script language="javascript">
<!—
    alert("Welcome to the Morning Glory");
//—>
</script>
```

① 페이지가 열릴 때 자동으로 Welcome to the Morning Glory라는 문구가 있는 메시지 창이 뜬다.
② 페이지가 열릴 때 Welcome to the Morning Glory라는 플래시가 출력된다.
③ 페이지가 열릴 때 Welcome to the Morning Glory라는 문구가 한자씩 브라우저에 새겨진다.
④ 페이지가 열릴 때 Welcome to the Morning Glory라는 문구가 이메일로 보내진다.

95 자바스크립트 내에서 사용되는 배열(Array) 객체에 대한 설명으로 옳지 않은 것은?

① concat() : 두 개 이상의 배열을 결합해 하나의 배열 객체를 생성하여 반환한다.
② join() : 배열 객체의 각 원소들을 하나의 문자열로 만들어 반환한다.
③ sort() : 배열의 각 원소들을 내림차순으로 정렬하여 반환한다.
④ slice() : 배열의 원소를 가운데 일부를 새로운 배열로 만들어 반환한다.

96 다음 중 자바스크립트를 외부 문서로 저장할 때 확장자는?

① *.ra
② *.js
③ *.htm
④ *.css

[2025 복원]

97 form 태그에서 입력 필드에 입력을 하기 위해 마우스를 올릴 때 발생하는 이벤트는?

① focus
② blur
③ change
④ input

기적의 TIP 자바스크립트의 특징과 사용 방법에 대해 익혀두세요. 자바스크립트 코드, 변수명, 내장함수, 연산자 우선순위 등이 자주 출제됩니다.

021 | 웹 표준

- 웹 표준이란 웹 기술과 관련된 기본 원칙과 지침을 정의하는 기술적 규칙을 의미
- W3C는 웹 표준을 개발하고 관리하는 대표적인 국제적인 표준화 기구
  - HTML, CSS, XML, SVG, WAI-ARIA 등 다양한 표준을 개발하고 관리
- 웹 표준 스펙으로는 HTML, CSS, JavaScript 등이 있음

표준 문서 확장자	내용
.html, .htm	웹 페이지의 구조를 정의하는 마크업 언어 파일
.css	HTML 요소의 스타일을 정의하는 스타일시트 파일
.js	웹 페이지에서 동적 동작을 구현하는 스크립트 파일
.xml	데이터를 저장하고 전송하기 위한 마크업 언어 파일

- 웹 표준 검사는 다양한 브라우저에서 웹페이지의 일관성을 확인하고, 코드의 문법적 오류를 발견 및 수정함으로써 개발 과정의 오류를 최소화할 수 있음
  - HTML, XHTML 등의 유효성 검사는 W3C에서 제공하는 'Markup Validation Service'를 활용

[2025 복원]

98 웹페이지 작성 프로그래밍 언어 중 W3C 웹 표준에 해당하지 않는 것은?

① HTML
② CSS
③ DHTML
④ XML

99 HTML 4.0 이전의 웹 표준 언어에서는 제공하지 못하였지만 HTML 4.0부터 새롭게 제공하는 기능은?

① 이미지 삽입 지원
② CSS를 이용한 레이아웃 조절
③ 애플릿 사용 지원
④ 첨자 표현 지원

기적의TIP 웹 표준에 대해 익혀두세요. HTML, CSS, XML 등의 표준 문서 확장자와 그 역할에 대해 출제됩니다.

---

022 | 웹 브라우저

- 웹 브라우저는 웹 서버에 있는 웹페이지의 정보들을 검색하기 위해 사용하는 프로그램으로 사용자가 웹사이트와 상호작용할 수 있는 주요 인터페이스를 제공
- 역할 : HTML 렌더링, CSS 렌더링, 자바스크립트 실행, 멀티미디어 처리 등
  - 기능 : 웹 페이지의 저장 및 인쇄, 소스 파일 보기, 최근 방문한 URL의 목록 제공 등
  - 종류 : 모자이크, 넷스케이프 내비게이터, 인터넷 익스플로러, 핫자바, 오페라, 사파리 등
- 웹 브라우저는 웹 서버가 반환하는 HTTP 상태 코드를 오류 메시지로 보여줌

403	Forbidden	금지됨
404	Not Found	찾을 수 없음
500	Internal Server Error	내부 서버 오류
503	Service Unavailable	서비스 불가
505	HTTP Version Not Supported	지원되지 않는 HTTP 버전

100 동시 접속자 수가 많아서 서비스 요청에 응답할 수 없는 경우에 발생하는 웹 브라우저 오류메시지는?

① HTTP 406 Forbidden
② HTTP 404 Not Found
③ HTTP 500 Internal Server Error
④ HTTP 503 Service Unavailable

101 다음 중 웹 브라우저가 아닌 것은?

① 오페라(Opera)
② 네스케이프 네비게이터(Netscape Navigator)
③ 인터넷 익스플로러(Internet Explorer)
④ 아파치(Apache)

102 웹 브라우저의 종류에 속하지 않는 것은?

① 구글 크롬
② 오페라
③ 사파리
④ 아웃룩 익스프레스

정답 98 ③ 99 ② 100 ④ 101 ④ 102 ④

103 웹 브라우저의 기능으로 옳지 않은 것은?

① 웹사이트 접속

② 정보 검색

③ 사진 합성

④ 인터넷 서비스 제공

104 웹 브라우저의 기능으로 틀린 것은?

① html 편집 작업

② 웹페이지 열기

③ 소스파일(html) 보기

④ 웹페이지의 저장 및 인쇄

기적의 TIP 웹페이지의 정보를 보기 위해서는 웹 브라우저가 필요합니다. 웹 브라우저의 기능과, 종류에 대해 알아두세요. 웹 브라우저에 표시되는 오류 메시지에 대해서도 익혀두세요.

참고 파트04-챕터02-섹션01

023 | 서버사이드 · 클라이언트사이드

▶합격 강의

- 웹 인터페이스의 주요 구성요소는 클라이언트사이드와 서버사이드로 구분됨

구분	클라이언트사이드	서버사이드
역할	사용자 인터페이스를 표시하고 사용자 입력을 처리함	클라이언트의 요청을 처리하고 데이터베이스와 상호작용함
실행 위치	웹 브라우저	웹 서버
프로그래밍	HTML, CSS, JavaScript 등	ASP, JSP, PHP, Python, Java, Node.js 등
기능	사용자의 인터페이스(UI)를 조작 및 렌더링, 사용자 입력 및 이벤트 처리	데이터베이스 관리, 사용자 인증, 애플리케이션의 핵심 기능과 로직 처리
보안	민감한 데이터는 클라이언트사이드에서 최소화함	민감한 데이터는 서버사이드에서 처리하여 보안 강화

- 서버사이드의 데이터 관리를 위한 인덱스(Index) : 인덱스는 데이터베이스에서 데이터를 효율적으로 검색하고 접근할 수 있도록 돕는 데이터 구조로, 적절한 인덱스 관리는 웹사이트의 성능을 향상시킴

[2025 복원]

105 구글의 서버사이드 기술에 대한 설명으로 올바르지 않은 것은?

① 구글의 서버에서 사용자 인증 및 권한 부여를 처리한다.

② 웹 애플리케이션의 서버 측에서 실행되는 기능을 담당한다.

③ 사용자 인터페이스(UI)와 밀접하게 연관되어 클라이언트 측에서 실행된다.

④ 데이터베이스와의 상호작용을 관리하며, 클라이언트의 요청에 따라 적절한 응답을 제공한다.

[2025 복원]

106 인덱스(Index)에 대한 내용으로 틀린 것은?

① 데이터가 변경될 때 인덱스를 최신 상태로 유지한다.

② 필요 없어진 인덱스는 제거하고 꼭 필요한 인덱스만 유지한다.

③ 모든 세부 태스크(Task)에 인덱스를 생성하면 웹사이트 성능이 최적화된다.

④ 특정 열(Column)에 대해 별도의 데이터 구조를 생성하여 데이터 검색 속도를 향상시킨다.

107 웹페이지를 만들기 위해 사용되는 프로그램 중 클라이언트 측에서 수행되는 것은?

① ASP

② JSP

③ JavaScript

④ PHP

기적의 TIP 서버사이드와 클라이언트사이드의 역할과 차이점을 명확히 알아두세요. 클라이언트사이드에서 사용되는 HTML, CSS, JavaScript와 서버사이드에서 사용되는 ASP, JSP, PHP, Python, Java, Node.js 등의 차이를 익혀두세요. 또한, 데이터 관리에 사용되는 인덱스(Index)의 역할과 관리 방법에 대해 익혀두세요.

024 | 레이아웃

- 콘텐츠를 적절하게 배치시킨 구조 또는 형태
- 콘텐츠 연결이 일관성 있고 논리적이어야 함
- 중요한 콘텐츠를 먼저 배치한 후 세부 사항을 결정
- 구성요소를 일목요연하게 배치하기 위해 테이블 사용
- 스타일시트(CSS)를 사용하면 콘텐츠와 레이아웃을 분리하는 기능을 제공

108 유동형 레이아웃에 대한 설명으로 옳은 것은?

① 콘텐츠가 픽셀(px) 단위로 고정되어 있다.
② 브라우저 창, 화면 크기에 따라 상대적으로 유연하게 조정된다.
③ 화면이 너무 넓거나 좁을 때에도 일관된 화면을 유지한다.
④ 브라우저 창 크기에 상관없이 항상 같은 너비를 유지한다.

[2025 복원]
109 고정형 너비 레이아웃에 대한 특징으로 옳은 것은?

① 웹페이지 너비가 픽셀 단위로 고정되어 있다.
② CSS와 미디어 쿼리를 사용하여 구현한다.
③ 화면 크기에 따라 레이아웃이 유동적으로 변한다.
④ 모든 디바이스와 화면 크기에서 일관된 화면을 제공한다.

[2025 복원]
110 페이지마다 동일한 레이아웃을 가진 A사이트와 페이지마다 레이아웃이 다른 B사이트를 비교했을 때 사용자들이 동일한 레이아웃 페이지를 선택했다면 그 이유는?

① 다양한 디자인 요소를 제공
② 일관된 구조로 탐색이 쉬움
③ 페이지 로딩 속도가 빠름
④ 다양한 인터랙션 효과를 제공

기적의TIP 레이아웃 설계에 대해 익혀두세요. 유동형 레이아웃은 브라우저 창과 화면 크기에 따라 유연하게 조정되며, 고정형 너비 레이아웃은 픽셀 단위로 고정되어 있습니다. 레이아웃 별 차이점과 장단점을 숙지해두세요.

025 | 와이어프레임, 스토리보드

- 와이어프레임 : 웹페이지의 구조와 레이아웃을 간단한 선과 사각형 정도만을 사용하여 윤곽을 그린 설계 도구
  - UI/UX의 기획 단계 또는 시각적 요소를 디자인하기 전, 전체적인 레이아웃을 스케치하는 데에 사용
  - 피델리티(충실도)가 낮은 프로토타입으로서, 웹사이트에 대한 초기 아이디어를 작성할 때 사용
  - 색상, 타이포그래피, 이미지 등의 시각적 요소는 최소화하고, 화면의 계층구조와 주요 요소의 위치를 중심으로 표현
- 스토리보드 : 일종의 작업 지침서로서 웹사이트의 전체 구성을 나타낸 문서
  - 초기 아이디어를 탐색하는 데 사용된 스케치를 바탕으로 스토리보드를 작성
  - 주로 와이어프레임에 시나리오를 포함하여 사용자가 웹사이트 각 단계를 어떻게 사용하게 될지를 표현
  - 웹페이지 화면에 대한 계획, 레이아웃, 내비게이션, 기능 등을 그림과 설명으로 시각화
  - 시각적으로 표현하여 이해하기 용이하고, 작업 중의 시행착오를 줄일 수 있도록 해줌

[2025 복원]
111 와이어프레임의 특징으로 옳은 것은?

① 와이어프레임은 최종 디자인과 똑같이 색상과 이미지를 포함한다.
② 와이어프레임은 페이지의 구조와 레이아웃을 간단한 선과 상자로 나타낸다.
③ 와이어프레임은 주로 애니메이션 효과를 보여주기 위해 사용된다.
④ 와이어프레임은 백엔드 코드와 데이터베이스 구조를 정의한다.

[2025 복원]
112 웹사이트를 구성할 때, 작업 중의 시행착오를 줄일 수 있도록 해주며, 웹사이트의 구체적인 작업 지침서 역할을 하는 것은?

① 사이안
② 레이아웃
③ 스토리보드
④ 내비게이션

113 UX 디자인에서 스토리보드를 작성하는 이점이 아닌 것은?

① 시각화 용이

② 팀원간 커뮤니케이션 원활

③ 프로토타입 개선 가능

④ 프로젝트 흐름 파악

114 컴퓨터 애니메이션 작업 시 작업자 사이의 의사소통 수단이며, 일정한 형식은 없지만 연속되는 장면을 위주로 음악, 물체, 빛 등의 움직임과 편집과정 등을 자세하게 나열한 것은?

① 스토리보드

② 아이디어 스케치

③ 렌더링

④ 벡터 그래픽스

115 다음은 무엇에 관한 설명인가?

- 웹사이트의 전체구조, 화면구성, 콘텐츠 정보 등을 작성해 보는 것이다.
- 화면 단위로 삽입될 구성요소 및 구체적 내용을 정리해 놓는다.

① 레이아웃

② 내비게이션

③ 스토리보드

④ 동영상

116 웹페이지에 들어갈 그림, 사진, 글자, 음악 등을 종이 위에 표현하여 줄거리가 전개되듯이 표현하는 기법은?

① 스토리보드(Storyboard)

② 사이트맵(Site Map)

③ 레이아웃(Layout)

④ 내비게이션(Navigation)

기적의TIP 와이어프레임과 스토리보드 문제가 자주 출제됩니다. 와이어프레임은 간단한 선과 사각형으로 웹페이지의 구조와 레이아웃을 나타내고, 스토리보드는 웹사이트의 전체 구성과 시나리오를 결합시켜 시각화한 작업 지침서 역할을 합니다. 서로를 비교하여 각자의 차이점에 대해 익혀두세요.

▶합격 강의

026 | 반응형 디자인

웹페이지나 애플리케이션이 다양한 장치와 화면 크기에서 최적의 사용자 경험을 제공할 수 있도록 설계하는 것

유동형 그리드 레이아웃	다양한 장치에서 적절히 배치되도록 유연한 그리드 시스템을 사용
뷰포트(Viewport) 설정	다양한 화면 크기에 맞춰 페이지의 크기와 비율을 조정
미디어 쿼리 사용	CSS에서 @media를 사용하여 특정 조건(화면 너비 등)에 따라 다른 스타일을 적용
유연한 이미지 및 미디어	이미지와 비디오가 화면 크기에 맞춰 조정되도록 설정
반응형 타이포그래피	미디어 쿼리를 사용하여 화면 크기에 따라 폰트 크기가 조정되도록 설정

[2025 복원]

117 다음 중 반응형 웹페이지 제작에 대한 설명으로 틀린 것은?

① 데스크탑, 태블릿, 모바일 등 다양한 디바이스에 맞춰 웹페이지 레이아웃이 최적화된다.

② 미디어 쿼리 @media를 사용하여 화면 크기, 해상도, 방향 등에 따라 다른 스타일이 적용된다.

③ 콘텐츠의 크기를 고정된 값으로 설정한다.

④ 뷰포트(Viewport) 설정으로 웹페이지가 장치의 너비에 맞추어지도록 한다.

[2025 복원]

118 반응형 웹페이지 제작 시 중요한 사항이 아닌 것은?

① 뷰포트

② 미디어 쿼리

③ 이미지 해상도

④ 반응형 레이아웃

기적의TIP 반응형 웹페이지는 다양한 디바이스에서 최적의 사용자 경험을 제공하기 위해 유동형 그리드 레이아웃, 뷰포트 설정, 미디어 쿼리, 유연한 이미지 및 미디어, 반응형 타이포그래피 등을 사용합니다. 반응형 디자인의 원칙과 중요 요소들을 익혀두세요.

정답 113 ③ 114 ① 115 ③ 116 ① 117 ③ 118 ③

합격 강의

027 | 사용자 인터페이스(UI)

- 인터페이스(Interface) : 두 종류의 다른 시스템이 만나서 소통하는 접점 또는 장소를 의미
- 사용자 인터페이스(UI, User Interface) : 웹사이트, 모바일 등의 화면에서 구현되는 사용자 환경
- UI 디자인 : 사용자가 얼마나 컴퓨터에 쉽게 접근할 수 있는지를 연구하여 인간의 편리에 맞도록 개발하는 것
  - 사용자 환경을 고려하여 일관성, 편리함, 독창성이 있도록 디자인
  - 메타포(Metaphor)를 이용하여 사용자에게 친숙한 환경으로 디자인

[2025 복원]

119 UI 그룹화 시 이점이 아닌 것은?

① 신속성
② 재사용성
③ 일관성
④ 창의성

120 전체 페이지에 적용되는 시각적 계층구조와 효율적인 내비게이션을 위해 버튼 및 아이콘 시스템에 대한 설계를 하는 것은?

① 인터페이스 디자인
② 정보디자인
③ 콘텐츠 기획
④ 구조설계

121 웹 인터페이스 디자인에서 강조되는 특성이 아닌 것은?

① 사용자 편의성
② 일관성
③ 독창성
④ 강제성

122 웹디자인에서 사용자 인터페이스를 설정할 때 고려해야 할 사항으로 옳지 않은 것은?

① 최단 시간에 사이트를 방문한 목적을 이해할 수 있도록 한다.
② 웹 페이지에서 다른 곳으로 이동할 수 있는 링크를 한 곳으로만 지정한다.
③ 화면을 스크롤 했을 때 링크 버튼이 보이지 않는 일이 없도록 한다.
④ 누가 보더라도 쉽게 사용법을 알 수 있도록 사용자 편의성을 제공한다.

기적의TIP 웹 인터페이스 디자인의 기본 원칙과 UI 그룹화에 대해 익혀두세요. 특히 사용자 인터페이스(UI) 관련 문제는 사용자 경험(UX)과 연결되어 자주 출제됩니다.

  합격 강의

028 | 사용자 경험(UX), 페르소나, 인터랙션

- 사용자 경험(UX) : 사용자가 제품이나 서비스를 사용하면서 상호작용을 통해 얻게 되는 총체적인 경험
- UX 디자인 : 사용자의 행동 패턴을 분석하여, 제품이나 서비스가 사용자와 상호작용할 때 제공하는 전체적인 경험을 설계하고 디자인하는 것
- UX 사용자 조사 및 분석 방법 : 설문조사, 인터뷰, A/B 테스트, 포커스 그룹 인터뷰(FGI), 히트맵, 사용자 여정지도, 사용성 테스트 등
- 허니콤 모델 : UX 디자인의 구성과 우선순위 설정을 돕는 UX 디자인을 위한 7요소(유용성, 사용성, 신뢰성, 검색가능성, 접근성, 매력성, 가치성)
- 디자인 씽킹(Design Thinking) : 복잡한 문제를 창의적이고 사용자 중심적으로 해결하는 접근법

공감하기	• 사용자의 생각, 감정과 행동 및 문제점 이해 • 인터뷰, 관찰, 설문조사 등 활용
문제정의	수집된 데이터를 분석하여 핵심 문제 정의
아이디어 도출	• 아이디어 생성 • 브레인스토밍, SCAMPER, HMW 등 활용
프로토타입	인터랙티브 프로토타입을 제작하여 아이디어 구체화
테스트	• 사용자 테스트, A/B 테스트 등을 통해 프로토타입의 사용성 평가, 피드백 수집·반영 • 반복적인 수정과 테스트 실시

정답 119 ④ 120 ① 121 ④ 122 ②

- 터치포인트(Touch Points) : 사용자가 사용자 인터페이스(UI)와 상호작용하는 모든 접점
    - 웹사이트 버튼 클릭, 고객문의 양식 작성, 검색어 입력, 제품 페이지 탐색 등
- 제스처(Gesture) : 터치스크린 UI를 사용하는 디바이스에서 사용자가 특정 동작을 통해 기기와 상호작용하는 방식
    - 프레스(Press), 스크롤(Scroll), 드래그(Drag), 핀치(Pinch), 탭(Single Tap) 등
- 페르소나(Persona) : 사용자 경험(UX) 디자인에서 사용자의 특정 특성과 자질을 반영한 가상의 사용자 프로필
    - 페르소나 기본 요소 : 인구 통계 정보, 심리적 특성, 행동 패턴, 사용자 목표와 요구사항 등
- 인터랙션(Interaction) : 사용자가 제품이나 서비스와 상호작용하는 모든 과정으로, 사용자와 인터페이스(Interface) 간의 물리적, 디지털적 접점을 포함하며, 사용자 경험을 형성하는 중요한 요소
- 인터랙션 디자인 : UX를 최적화하기 위해 UI 접점에서 사용자가 시스템과 상호작용을 설계하는 것
    - 사용자 흐름(User Flow), 피드백(Feedback), 제어(Control), 일관성(Consistency) 등을 설계
- 프로토타입 : 최종 제품의 디자인과 실제 사용자 상호작용을 테스트하기 위해 구현한 시뮬레이션 모델(시제품). 초기 디자인을 실체처럼 테스트하고 피드백을 수집하여 제품 개선에 활용

[2025 복원]
123 사용자 경험(UX) 디자인에서 프로토타입이 중요한 이유로 옳은 것은?

① 사용자 요구사항을 수집하고 분석할 수 있다.
② 디자인을 실제 제품처럼 테스트해 볼 수 있다.
③ 피드백을 기반으로 빠른 반복(Iteration)을 통해 개선할 수 있다.
④ 주요 경쟁사를 식별하고 그들의 시장 점유율을 파악할 수 있다.

[2025 복원]
124 손가락으로 떼지 않고 누르고 있는 상태를 의미하는 UX 용어는?

① 탭
② 프레스
③ 드래그
④ 핀치

[2025 복원]
125 디자인 씽킹(Design Thinking) 중 '공감하기' 단계에서 해당하지 않는 것은?

① 사용자 인터뷰
② 관찰
③ 설문조사
④ A/B 테스트

[2025 복원]
126 페르소나 설정을 위한 기본 요소가 아닌 것은?

① 행동 패턴
② 컴퓨터 성능
③ 인구 통계 정보
④ 사용자 요구사항

[2025 복원]
127 UI 접점에서 사용자가 시스템과 상호작용하는 방식을 설계하는 UX 디자인은?

① 인터랙션 디자인
② 인터페이스 디자인
③ 웹페이지 디자인
④ 핀치

기적의 TIP UX 디자인에서 프로토타입은 디자인을 실제 제품처럼 테스트해 볼 수 있도록 하며, 페르소나는 사용자의 특성을 반영한 가상의 프로필입니다. 이와 관련하여 UX 디자인과 관련한 여러 용어들과 인터랙션 디자인에 대해서 숙지해두세요. 또한, UX 디자인에 활용되는 디자인 씽킹의 각 단계에 대해서도 익혀두세요.

정답 123 ② 124 ② 125 ④ 126 ② 127 ①

▶ 합격 강의

029 | 서체 · 타이포그래피

- 서체 : 공통된 스타일과 형식으로 디자인된 글꼴의 집합 또는 글자의 디자인 스타일 그 자체를 의미. 세리프, 산세리프, 스크립트 등
  - 웹디자인에서 서체는 텍스트의 가독성을 높이고 디자인의 분위기를 결정하는 요소
  - 웹사이트의 목적과 스타일에 맞는 서체를 선택하도록 하되, 가독성을 우선으로 고려하도록 한다.
- 웹 폰트 : 웹 서버에서 제공하는 글꼴로 다양한 웹 브라우저와 장치에서 일관되게 표시됨
  - 웹 폰트 사용 : CSS에서 font-family 속성 또는 예약어 @font-face를 사용
- 타이포그래피 : 텍스트를 디자인하고 배치하는 기술과 디자인 분야
  - 서체를 사용하여 가독성과 시각적 매력을 높이는 것을 목표로, 서체를 새롭게 구성하여 작품을 디자인
  - 웹디자인, 디지털 미디어 등에서 메시지를 명확하고 매력적으로 전달하는 데 사용
- 타이포그래피에서 가독성을 높이는 요소 : 폰트(서체), 자간, 행간, 여백, 폰트 크기

128 타이포그래피에서 가독성을 향상하는 방식이 아닌 것은?

① 폰트(서체)
② 자간
③ 여백
④ 색상

[2025 복원]

129 타이포그래피에서 가독성을 향상하는 방식 중 가장 영향이 큰 요소는?

① 폰트(서체)　　② 자간
③ 행간　　　　④ 여백

130 웹디자인 시 타이포그래피를 적용할 때 고려할 사항으로 가장 거리가 먼 것은?

① 페이지마다 또는 동일한 페이지 내에 다양한 서체 사용
② 가독성, 판독성을 고려한 서체 사용
③ 웹페이지의 여백과 문장의 정렬
④ 사이트의 내용과 컨셉(Concept)에 어울리는 서체 사용

131 다음 중 웹 폰트에 대한 설명으로 틀린 것은?

① 웹 폰트는 작은 사이즈의 글자를 사용한 경우에는 깨끗하게 보여 가독성이 높다.
② 웹 폰트를 사용해서 사이트를 만든 경우 해당 폰트가 컴퓨터에 설치되어 있지 않으면 굴림체로 대체되어 보인다.
③ 문법에 맞지 않는 한글이나 한자의 경우에는 표현이 불가능한 경우도 있다.
④ 방문자의 컴퓨터에 해당 폰트가 설치되어 있지 않아도 작업된 웹폰트를 볼 수 있다.

기적의 TIP 웹디자인에서는 가독성을 높이고 디자인의 분위기를 결정하는 서체의 역할이 중요합니다. 타이포그래피에서는 폰트, 자간, 행간, 여백 등을 활용하여 텍스트의 가독성을 향상시킬 수 있습니다. 서체와 타이포그래피에 대해 출제되므로 익혀두세요.

▶ 합격 강의

030 | 애니메이션

라틴어의 아니마투스(Animatus, 생명을 불어 넣다)에서 유래한 것으로, 변화되는 여러 개의 장면을 연속적으로 나타내어 움직임을 표현하는 것

- 애니메이션 방식

프레임	애니메이션의 각 프레임을 하나하나 개별적으로 보여주는 방식으로 정해진 시간에 정지된 프레임을 연속해서 보여주는 방법
키프레임	• 대상물의 시작과 끝만 지정하고 중간 단계는 계산으로 생성 • 중간 프레임을 자동으로 생성하는 과정을 트위닝(Tweening)이라고 함

- 애니메이션 시각 효과

모핑	서로 다른 이미지나 3차원 모델이 점진적으로 변환되는 기법
크로마키	전경 오브젝트를 녹색(Green)의 배경에서 촬영하여 얻은 후, 배경이 되는 화면에 합성
모션캡처	실제 생명체의 움직임을 추적해 얻은 데이터를 모델링된 캐릭터에 적용

• 애니메이션 종류

컷아웃 애니메이션	특정한 형태를 그린 종이를 잘라낸 후, 각 종이들을 화면에 붙이거나 떼면서 일정한 모양을 만들어가며 조금씩 촬영
로토스코핑	실사와 애니메이션을 합성

[2025 복원]

132 실사와 애니메이션을 합성하는 애니메이션 기법은?

① 로토스코핑
② 모션캡처
③ 플립북
④ 모핑

[2025 복원]

133 대상물의 위치 이동으로 움직임을 표현하는 것으로 종이 등에 특정한 형태를 그리고 잘라낸 후 각각의 종이들을 한 장면씩 움직여가며 촬영하는 애니메이션 기법은?

① 컷 아웃 애니메이션
② 셀 애니메이션
③ 투광 애니메이션
④ 스톱모션 애니메이션

[2025 복원]

134 2개의 서로 다른 이미지나 3차원 모델 사이의 변화하는 과정을 서서히 나타내는 기법으로 제작방식은 처음 프레임과 마지막 프레임만 지정해 주고 나머지는 자동으로 생성하며, 현재 뮤직비디오나 영화에서 많이 사용되고 있는 애니메이션 종류는?

① 트위닝(Tweening)
② 로토스코핑(Rotoscoping)
③ 고라우드 쉐이딩(Gouraud Shading)
④ 모핑(Morphing)

기적의 TIP 영상 · 아이콘 · 서체 · 타이포그래피 준비와 더불어 애니메이션 준비에 관한 문제가 출제됩니다. 애니메이션의 여러 기법과 시각 효과에 대해 익혀두세요.

참고 파트01-챕터01-섹션03

 합격 강의

031 | 산업재산권과 저작권

• 산업재산권 : 주로 상업적 또는 산업적 활동과 관련된 지적재산권으로, 디자인, 상표, 발명 및 기타 상업적 자산을 보호하는 역할을 하는 권리
예) 특허권, 상표권, 디자인권, 실용신안권 등
• 저작권 : 저작자(창작자)가 자신의 저작물(창작물)에 대해 가지는 배타적 권리로 저작인격권과 저작재산권이 있음
– 저작인격권 : 저작자가 자신의 저작물에 대해 가지는 비재산적 권리로, 저작자의 인격을 보호하기 위한 권리

공표권	• 자신의 저작물을 언제, 어디서, 어떻게 공표할지 선택할 권리 • 공표하지 않은 저작물을 저작자가 도서관 등에 기증할 경우, 공표에 동의한 것으로 간주
성명표시권	저작자가 저작물에 이름(실명, 예명 또는 이명)을 표시하거나 익명, 가명으로 발표할 권리
동일성유지권	저작물의 내용, 형식 및 제호 등 원형을 유지하여 저작물이 수정되거나 훼손되지 않도록 보호

– 저작재산권 : 저작자가 자신의 저작물을 통해 경제적 이익을 얻을 수 있도록 보호하는 권리, 타인에게 양도가 가능하며, 저작자가 생존하는 기간과 사망 후 70년 동안 보호받음
– 그 외 : 복제권, 배포권, 공연권, 공중송신권, 전시권, 대여권, 2차적저작물작성권 등

[2025 복원]

135 저작권에 대한 설명으로 옳은 것은?

① 저작인격권은 타인에게 양도가 가능하다.
② 공표하지 않은 저작물을 저작자가 도서관 등에 기증할 경우, 별도의 의사를 표시하지 않는다면 기증한 때에 공표에 동의한 것으로 간주한다.
③ 저작인격권은 저작자가 자신의 저작물에 대해 가지는 재산적 권리이다.
④ 저작재산권은 저작자가 생존하는 기간과 사망 후 50년 동안 보호받는다.

정답 132 ① 133 ① 134 ④ 135 ②

136 다음 중 동일성 유지권을 침해한 것이 <u>아닌</u> 것은?

① 건물의 증축

② 영화 포스터 합성 편집

③ 타사 웹사이트 로고 변형

④ 소프트웨어 프로그램 코드 변경

137 다음 중 저작권을 비영리 목적으로 사용할 수 있는 경우는?

① 공공저작물 이용

② 블로그에 올라와 있는 폰트 사용

③ 포털사이트에서 다운로드한 이미지 사용

④ 웹에서 찾은 영상을 편집하여 새로운 영상으로 제작

기적의 TIP 산업재산권과 저작권에 대해 알아두세요. 저작권에서 저작인격권과 저작재산권에 대해 숙지하고, 저작물을 저작권 침해 없이 사용할 수 있는 방법에 대해서도 익혀두세요.

138 홈페이지의 해당 컨셉(Concept)을 이끌어내기 위해 종이에 최대한 많이 그려봄으로써 여러 가지 구성을 만들어 보는 디자인 실무의 초기 작업은?

① 브레인스토밍

② 콘텐츠 디자인

③ 벤치마킹

④ 아이디어 스케치

[2025 복원]

139 콘셉트 시각화 단계에서 이루어지는 활동이 <u>아닌</u> 것은?

① 아이디어 스케치

② 와이어프레임 작성

③ 컬러 팔레트 결정

④ 웹페이지 코딩

기적의 TIP 콘셉트 시각화는 정보전달과 이해를 용이하게 하고 의사결정 시간을 단축시킵니다. 콘셉트 시각화의 장점과 단계, 아이디어 스케치에 대해 익혀두세요.

참고 파트01-챕터02-섹션02　　　 합격 강의

032 | 콘셉트 시각화 · 아이디어 스케치

• 콘셉트 시각화 : 아이디어나 개념을 시각적으로 표현하여 보다 명확하게 전달하는 과정

요소	컬러(Color), 이미지(Image), 타입(Type), 레이아웃(Layout)
방법	스케치, 다이어그램, 스토리보드, 프로토타입, 인포그래픽 등

• 콘셉트 시각화 장점 : 정보전달 용이, 이해 용이, 의사결정 시간 단축, 의사결정 및 소통 용이
• 콘셉트 시각화 단계 : 아이디어 러프 스케치 → 와이어프레임 → 목업 → 프로토타입
• 아이디어 스케치 : 프로젝트 초기 단계에서 기획 의도에 정의된 추상적인 목표와 방향을 빠르게 그림으로 표현하는 것

참고 파트03-챕터02-섹션02　　　 합격 강의

033 | 그래픽 요소

그래픽 요소는 시각적인 심미성을 높이고 정보 전달을 효과적으로 돕기 위해 사용

그래픽 이미지	가장 자주 사용되는 시각적 요소로 사진, 일러스트 등으로 표현
아이콘	텍스트를 보완하고 사용자에게 빠르게 정보를 전달하는 인터페이스 요소
픽토그램	단순한 도형을 사용하여 개념을 전달하는, 의미가 축약된 그림 문자

[2025 복원]

140 그래픽 심벌(Symbol)이 가져야 할 조건이 <u>아닌</u> 것은?

① 대중성 및 사용의 편리성

② 구성의 간결성

③ 세련된 디자인

④ 디자인의 모호성

정답 136 ① 137 ① 138 ④ 139 ④ 140 ④

141 다음과 같이 의사소통이 가능한 그림 문자를 뜻하는 용어는?

① 이미지
② 일러스트레이션
③ 로고타입
④ 픽토그램

기적의TIP 그래픽 이미지는 사진과 일러스트 등으로 표현되며, 아이콘과 픽토그램은 정보를 빠르게 전달하는 데 사용됩니다. 그래픽 요소와 그 역할에 대해 익혀두세요.

참고 파트03-챕터02-섹션05

034 | 3D 모델링

합격 강의

- 모델링(Modeling) : 오브젝트를 3차원 좌표계를 사용해 모양을 디자인하는 과정
- 와이어프레임 모델(Wire-frame Model) : 오브젝트의 골격만을 선으로 표현
- 솔리드 모델(Solid Model) : 내부까지 채워진 입체를 이용한 모델링
- 서페이스 모델(Surface Model) : 삼각형이나 사각형 같은 면을 기본 단위로 한 표면 처리
- 파라메트릭 모델(Parametric Model) : 곡면 모델. 수학적 방정식으로 구축
- 프랙탈 모델(Fractal Model) : 단순한 모양에서 시작해 복잡한 기하학적 형상을 구축
- 파티클 모델(Particle Model) : 입자를 이용해 표현하는 모델링
- 렌더링(Rendering) : 모델링된 오브젝트의 표면을 처리하는 것. 그림자나 색채의 변화와 같은 3차원적인 질감을 더해 현실감을 추가하는 과정
  - 렌더링 과정 : 투영 – 클리핑 – 은면처리 – 쉐이딩 – 매핑
  - 쉐이딩 종류 : 플랫, 고러드(고라우드), 퐁, 메탈

플랫	각 폴리곤의 한 면에 동일한 색상을 적용하는 기법
고러드(고라우드)	각 꼭지점(Vertex)에서 계산된 조명과 색상을 폴리곤의 내부로 보간하여 부드러운 음영 효과를 제공하는 기법
퐁	각 픽셀에서 법선 벡터를 보간하여 보다 정확한 음영을 계산하는 기법
메탈	금속 표면의 반사와 같은 특수 효과를 구현하는 기법

[2025 복원]

142 컴퓨터그래픽스의 렌더링에서 물체의 각 꼭지점(Vertex)에서 빛의 양을 계산한 후 그 값들을 보간하여 각 점에 색값을 할당하는 쉐이딩 기법은?

① 모델링(Modeling)
② 플랫(Flat)
③ 고라우드(Gouraud)
④ 퐁(Phong)

143 다음 중 쉐이딩의 종류가 <u>아닌</u> 것은?

① 플랫(Flat)
② 클리핑(Clipping)
③ 고러드(Gouraud)
④ 퐁(Phong)

[2025 복원]

144 선(Line) 표시에서 면으로 변화하는 상태를 자연스럽게 조작할 수 있는 질감 묘사 모델링으로 복잡한 자연경관이나 불규칙한 성질을 가진 것들을 표현할 수 있게 된 모델은?

① 서피스 모델
② 솔리드 모델
③ 프랙탈 모델
④ 파메트릭 모델

기적의TIP 3D 모델링의 다양한 방식과 렌더링 기법에 대해 익혀두세요. 렌더링 과정 중 쉐이딩 과정에 대해서도 익혀두세요.

합격 강의

035 | 가산혼합 · 색광혼합 · RGB

- 혼합할수록 밝아지는 색광의 혼합(=가법혼색)
- RGB(Red, Green, Blue)의 혼합으로, 혼합할수록 명도는 증가되고, 채도는 감소
- 다른 색광을 혼합해서 다시 각 원색을 만들 수 없음

- 빨강(Red) + 녹색(Green) + 파랑(Blue) = 흰색(White)
- 빨강(Red) + 녹색(Green) = 옐로우(Yellow)
- 녹색(Green) + 파랑(Blue) = 사이안(Cyan)
- 파랑(Blue) + 빨강(Red) = 마젠타(Magenta)

[2025 복원]

145 색광의 혼합에서 색을 혼합할수록 높아지는 색의 속성은?

① 명도
② 채도
③ 색상
④ 점도

[2025 복원]

146 다음 색광혼합의 2차 혼합색으로 (A)에 알맞은 색상은?

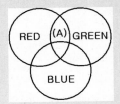

① 흰색(White)
② 사이안(Cyan)
③ 노랑(Yellow)
④ 마젠타(Matenta)

[2025 복원]

147 다음 중 〈보기〉의 색상이 바르게 묶인 것은?

〈보기〉

RGB(255, 255, 0)	CMY(255, 255, 0)

① 파랑 – 흰색
② 초록 – 검정
③ 빨강 – 노랑
④ 노랑 – 파랑

[2025 복원]

148 RGB 혼합에서 각 원색을 혼합했을 경우에 대한 설명으로 틀린 것은?

① 모든 원색을 섞으면 흰색이 된다.
② 각 원색을 섞었을 때 1차 혼합색은 채도가 높아진다.
③ 두 개의 원색을 섞은 1차 혼합색에 다시 원색을 섞은 2차 혼합색은 명도가 높아진다.
④ 혼합된 색에 다른 원색을 혼합해서 다시 원색을 만들 수 없다.

149 색광 혼합에 관한 설명으로 맞는 것은?

① 적, 녹, 청이 원색이다.
② 색료를 혼합할수록 명도와 채도가 낮아진다.
③ 자주, 노랑, 청록, 검정이 기본색이다.
④ 여러 가지 빛을 혼합하면 혼합 이전의 상태보다 색의 명도가 내려가 어두워진다.

기적의 TIP 가산혼합에 대해 시험에 자주 출제됩니다. 가산혼합은 혼합할수록 밝아지는 색광의 혼합입니다. RGB(빨강, 녹색, 파랑) 색광을 1차 혼합 결과, 명도는 높아지고 채도는 낮아집니다. 각 색상의 혼합 결과와 원리를 이해하고, 색상 혼합 결과에 대해 기억해 두세요.

 합격 강의

036 | 감산혼합 · 색료혼합 · CMYK

- 혼합할수록 어두워지는 물감, 색료의 혼합(=감색혼합)
- CMY(Cyan, Magenta, Yellow)의 혼합으로, 혼합할수록 명도와 채도가 모두 낮아짐
- 감색혼합의 순색 사이안, 마젠타, 옐로우에 검정을 섞으면 명도와 채도 감소

- 사이안(Cyan) + 마젠타(Magenta) + 노랑(Yellow) = 검정(Black)
- 사이안(Cyan) + 마젠타(Magenta) = 파랑(Blue)
- 마젠타(Magenta) + 노랑(Yellow) = 빨강(Red)
- 노랑(Yellow) + 사이안(Cyan) = 녹색(Green)

정답 145 ② 146 ③ 147 ④ 148 ② 149 ①

[2025 복원]

150 CMYK로 저장된 JPEG 파일을 익스플로러와 같이 낮은 버전의 웹 브라우저에서 실행했을 때 나타날 수 있는 결과로 옳은 것은?

① 이미지의 명도가 낮게 나타난다.
② 색상이 반대로 나타난다.
③ 원래 크기보다 크게 보인다.
④ 이미지를 표시하지 못한다.

[2025 복원]

151 감산혼합의 혼색 결과로 옳은 것은?

① 사이안(Cyan) + 마젠타(Magenta) = 파랑(Blue)
② 마젠타(Magenta) + 노랑(Yellow) = 파랑(Blue)
③ 사이안(Cyan) + 노랑(Yellow) = 빨강(Red)
④ 사이안(Cyan) + 마젠타(Magenta) + 노랑(Yellow) = 흰색(White)

[2025 복원]

152 감산혼합의 삼원색이 아닌 것은?

① 자주(Magenta)
② 청록(Cyan)
③ 노랑(Yellow)
④ 파랑(Blue)

153 감산혼합에 사용되는 Cyan, Magenta, Yellow의 3원색으로 만들 수 없는 색은?

① Blue
② White
③ Red
④ Green

154 혼합하는 색의 수가 많을수록 채도가 낮아지는 혼합은?

① 병치혼합
② 가법혼합
③ 회전혼합
④ 감산혼합

[2025 복원]

155 감법혼색에 대한 설명 중 틀린 것은?

① 검정을 쓰지 않고도 무채색을 만들 수 있다.
② 순색에 흰색을 섞으면 명도는 높아지고 채도는 낮아진다.
③ 순색에 회색을 섞으면 명도는 변하지만 채도는 변화가 없다.
④ 순색에 검정을 섞으면 명도와 채도가 낮아진다.

> **기적의TIP** 감산혼합에 대해 시험에 자주 출제됩니다. 감산혼합은 혼합할수록 어두워지는 물감, 색료의 혼합입니다. CMY(사이안, 마젠타, 노랑)를 1차 혼합 결과, 명도와 채도가 모두 낮아집니다. 각 색상의 혼합 결과와 원리를 이해하고, 색상 혼합 결과에 대해 기억해 두세요.

참고 파트05-챕터01-섹션02

▶ 합격 강의

037 | 중간혼합, 병치혼합

- 중간혼합 : 명도와 채도가 혼합에 사용된 색들의 평균적인 값으로 느껴지게 되는 혼합
- 두 가지 이상의 색이 인접하여 배치될 때 인식되는 병치혼합과 색상이 빠르게 회전하거나 변화하여 시각적으로 혼합되는 회전혼합이 있음
  - 병치혼합 : 색선이나 색점이 조밀하게 교차되거나 나열되었을 때 인접한 색과 혼합된 것처럼 보이는 현상. 모자이크 작품, 날줄과 씨줄로 이루어진 직물 등에서 나타남
  - 회전혼합 : 하나의 면에 있는 두 개 이상이 빠르게 회전되면서 하나의 색으로 인식되는 현상. 회전판 혼합에서 나타나며, 평균 명도와 채도로 나타남

[2025 복원]

156 인상파 화가의 점묘화, TV의 영상 화면, 직물 등에 나타나는 가법혼색으로 디더링의 혼색 원리이기도 한 혼합 방법을 무엇이라 하는가?

① 중간혼합
② 감색혼합
③ 병치혼합
④ 회전혼합

정답 150 ④ 151 ① 152 ④ 153 ② 154 ④ 155 ③ 156 ③

157 다음 중 중간혼합에 해당하지 않는 것은?

① 날줄과 씨줄의 격자 직물
② 수채화
③ 점묘화
④ 모자이크 작품

기적의TIP 중간혼합은 색의 명도와 채도가 혼합된 색들의 평균값으로 느껴지는 혼합 방식입니다. 병치혼합은 색선이나 색점이 교차되거나 나열될 때 인접한 색과 혼합된 것처럼 보이는 현상입니다. 중간혼합과 병치혼합의 개념을 알아두세요.

[참고] 파트02–챕터01–섹션01 ▶합격 강의

038 | 비트, 픽셀, 해상도

• 비트(bit) : 정보의 최소 단위로 1비트는 0과 1로 정보를 가짐

1bit (2^1)	2색(검정 또는 흰색)
8bit (2^8)	256색
16bit (2^{16})	65,536색
24bit (2^{24})	16,777,216색(약 1670만 가지)

• 픽셀(pixel) : 비트맵 방식의 이미지를 이루는 최소 단위로 위치 정보와 색상 정보를 가짐
  – RGB 컬러에서 한 픽셀의 색상은 보통 R, G, B 각각 8bit, 총 24비트로 표현(트루컬러)
  – 24bit에 투명도를 조절하는 알파채널 8bit를 추가하여 32bit 트루컬러를 표현할 수 있음
• 이미지 해상도 : 비트맵 방식의 이미지에서 이미지의 세부 사항을 얼마나 세밀하게 표현할 수 있는지를 나타내는 척도로, 기본 단위 당 들어가는 픽셀의 개수로 표현. ppi(pixel per inch) 단위를 사용

158 컴퓨터 그래픽에서 16bit로 나타낼 수 있는 컬러 수는?

① 16개
② 256개
③ 65,536개
④ 1670만개

159 이미지 용량을 줄이는 방법으로 옳지 않은 것은?

① 디더링(Dithering) 사용
② GIF 사용
③ 이미지 팔레트 색상 줄이기
④ 이미지 해상도 낮추기

160 16만 7천 컬러 이상의 색상과 256단계의 알파채널을 사용하기 위해서는 최소 몇 bit가 필요한가?

① 8비트
② 16비트
③ 24비트
④ 32비트

기적의TIP 정보의 최소 단위인 비트(bit)와 비트맵 이미지의 최소 단위인 픽셀(pixel)에 대해 알아두세요. 비트와 픽셀을 연관시켜 익혀두고 이미지 해상도에 대해서 숙지해두세요.

[참고] 파트02–챕터01–섹션01 ▶합격 강의

039 | 비트맵 방식 · 벡터 방식

• 비트맵 방식(래스터 방식) : 이미지는 픽셀(Pixel)이라는 요소로 이루어지며, 사진 보정이나 합성에 사용
  – 안티 앨리어싱 : 비트맵 방식에서 나타나는 계단 현상(Jaggies)을 줄여 이미지나 텍스트의 가장자리 부분을 보다 부드럽고 자연스럽게 보이도록 만드는 기술
  – 비트맵 방식 프로그램 : 포토샵, 페인트샵프로 등
• 벡터 방식 : 수학적인 계산을 이용하여 이미지를 표현하는 방식으로 로고, 심벌 디자인, 도안 작업 등에 사용
  – 벡터 방식 프로그램 : 일러스트레이터, 코렐드로우 등
  – 래스터라이징 : 벡터 방식의 이미지를 비트맵 방식의 이미지로 전환하는 작업

[2025 복원]

161 비트맵 방식의 프로그램에서 꼭 알아야 할 사항이 아닌 것은?

① 원본 이미지를 확대, 축소하면 실제 이미지가 손상된다.

② 해상도에 따라 이미지의 품질이 변한다.

③ 비트맵 이미지는 벡터 그래픽보다 파일 용량이 작다.

④ 비트맵 이미지는 픽셀로 구성되어 있으며, 이를 래스터 이미지라고 한다.

[2025 복원]

162 픽셀 단위의 이미지 처리 시 이미지를 확대하면 이미지 경계가 계단 형식으로 표현되는데, 이렇게 계단 형식으로 표시되는 이미지 경계의 픽셀을 부드럽게 처리해 주는 것을 무엇이라 하는가?

① 앨리어싱(Aliasing)

② 안티 앨리어싱(Anti-aliasing)

③ 플래싱(Flashing)

④ 인터레이싱

[2025 복원]

163 래스터 방식의 특징으로 옳은 것은?

① 픽셀 단위로 저장한다.

② 수학적 연산에 의해 그래픽 데이터를 표현한다.

③ 이미지를 확대, 축소해도 화질에는 손상이 없다.

④ 단순한 도형의 표현에 적합하다.

164 컴퓨터 그래픽스의 이미지 표현에 관한 설명 중 틀린 것은?

① 비트맵 방식은 이미지를 이루는 픽셀이 모여 전체 이미지를 구성한다.

② 비트맵 방식의 이미지를 벡터 방식으로 전환하는 작업은 래스터라이징이다.

③ 벡터 방식은 수학적인 계산을 이용해 이미지를 표현하며 일러스트레이터 프로그램을 활용한다.

④ 벡터 방식은 이미지를 확대 또는 축소, 회전, 변환시키더라도 왜곡이 발생하지 않아 주로 로고나 심볼과 같이 정교한 작업에 적합하다.

165 벡터 이미지에 대한 설명으로 틀린 것은?

① 수학적으로 행렬을 사용하여 좌표변환을 통해 정의된 선과 곡선으로 구성되어 있다.

② 그래픽의 품질을 그대로 유지하면서 선의 색상, 이동, 크기를 변경할 수 있다.

③ 해상도에 영향을 받지 않는다.

④ 전문 용어로 래스터 이미지라 한다.

기적의 TIP 비트맵 방식은 픽셀 단위로 이미지를 저장하여 해상도에 따라 품질이 변하고, 확대 시 이미지 손상이 발생할 수 있습니다. 벡터 방식은 수학적 계산을 이용하여 이미지를 표현하며, 해상도에 영향을 받지 않고 확대 또는 축소 시 왜곡이 발생하지 않습니다. 비트맵 방식과 벡터 방식의 차이를 확인하는 문제가 자주 출제되므로 이와 관련하여 숙지해두세요.

참고 파트02-챕터01-섹션01

 ▶합격 강의

040 | 파일 포맷

- 웹용 이미지 포맷

GIF	• 무손실 압축 기법인 LZW을 이용하여 이미지가 손상되지 않음 • 8bit를 지원하여 최대 256가지 색상을 표현 • 이미지를 투명하게 나타낼 수 있고 간단한 애니메이션을 제작할 수 있음 • 디더링(Dithering) : 이미지에 포함되지 않은 색상을 마치 이미지에 포함된 색상처럼 비슷하게 구성해주는 기법
JPEG	• 이미지를 압축해 전송 속도가 빨라서 웹용 이미지로 사용 • 압축률이 높은 손실 압축을 사용하기 때문에 이미지의 세부 정보는 상실됨
PNG	• 투명도를 표현하는 알파채널을 지원하여 단계별로 투명한 이미지를 표현 • GIF와 달리 24bit 풀컬러를 사용할 수 있어서 섬세한 이미지를 나타낼 수 있음

정답 161 ③ 162 ② 163 ① 164 ② 165 ④

• 비디오 및 동영상 파일 포맷

*.mp4	• 높은 압축률과 좋은 품질을 제공하는 멀티미디어 포맷 • 웹사이트 비디오, 스트리밍 서비스 등에 활용
*.avi	• 다양한 코덱을 지원하며, 품질을 유지할 수 있음 • 모든 브라우저에서 지원되지는 않음
*.swf	• Adobe(구 매크로미디어)에서 개발한 플래시 프로그램 확장자 • 멀티미디어, 벡터 그래픽, 액션스크립트 등에 활용
*.srt	SRT(SubRip Subtitle)은 비디오(AVI)의 공식 자막으로 사용하는 포맷

[2025 복원]

166 비디오(AVI)의 공식 자막으로 사용하는 멀티미디어 포맷은 무엇인가?

① SRT
② MP4
③ MKV
④ MOV

[2025 복원]

167 기업의 로고나 문자가 있는 일러스트레이션 같이 선명한 단색 이미지를 포함하고, 동일 색상이 수평으로 나열되어 있을 경우에 높은 압축률을 보이는 파일 포맷은?

① PNG-8
② JPEG
③ GIF
④ PSD

[2025 복원]

168 다음 중 PNG 파일 포맷의 성명으로 틀린 것은?

① 압축 기법을 사용하지 않는 포맷으로 높은 이미지의 품질을 그대로 유지할 수 있다.
② GIF와 JPEG의 장점을 합친 포맷으로 무손실 압축을 사용한다.
③ 8비트의 256컬러, 24비트의 트루컬러를 선택하여 저장할 수 있어 효율적이다.
④ 인터레이스 로딩기법과 디더링 옵션, 투명도를 지정할 수 있다.

169 이미지 파일 포맷 중 투명도를 조절할 수 있는 것은?

① PDF
② PNG
③ PSD
④ PPT

기적의 TIP 웹용 이미지 및 비디오 파일 포맷의 특성과 용도를 알아두세요. 이미지 파일 포맷별 특징과 비디오 파일 포맷 중 웹에 사용되는 파일 포맷을 익혀두세요.

[참고] 파트04-챕터01-섹션01 ▶합격 강의

041 | 웹디자인 개념과 시스템 구성

• 웹디자인(Web Design) : 웹사이트를 설계하고 디자인하는 것
  – 정확한 정보 전달을 목표로 하며, 그래픽 요소를 추가하여 보다 효율적인 웹페이지를 제작
  – 편리한 사용 환경을 제공하기 위해 효율적인 사용자 인터페이스(UI)와 사용자 경험(UX)을 구축
• 시각적 요소를 창조하고 사용자와의 상호작용을 위한 인터랙티브 요소들을 구현할 때 컴퓨터그래픽스가 사용됨
• 웹디자인 시스템 구성 : 입력장치, 출력장치, 처리장치, 소프트웨어, 저장장치 등

입력장치	키보드
	마우스
	터치스크린
	그래픽 태블릿
	음성 인식 장치
출력장치	모니터
	프린터
	스피커
처리장치	CPU
	GPU
	RAM
소프트웨어	그래픽 소프트웨어
	웹 개발 소프트웨어
	콘텐츠 관리 시스템
저장장치	하드디스크 드라이브(HDD)
	클라우드 스토리지

[정답] 166 ① 167 ③ 168 ① 169 ②

- 2D 소프트웨어 : 2차원 그래픽을 만들고 편집하는 도구로 웹사이트의 이미지, 아이콘, 로고, 일러스트레이션, 배너, 타이포그래피, UI 요소 등을 설계할 때 활용

일러스트레이터	벡터 그래픽 편집으로 로고, 아이콘, 일러스트 등을 제작
포토샵	비트맵 방식의 이미지 편집 소프트웨어로 이미지 합성과 편집에서부터 디지털 아트워크에 활용
플래시	Adobe(구 매크로미디어)에서 개발한 벡터 방식의 애니메이션 제작 프로그램. 2021년 지원 종료됨

[2025 복원]

170 웹디자인에 대한 설명으로 거리가 먼 것은?

① 웹페이지를 디자인하고 제작하는 것을 의미한다.

② 웹디자인은 개인용 홈페이지 이외에 기업용 등 다양하다.

③ 기업, 단체, 행사의 특징과 성격에 맞는 시각적 상징물을 말한다.

④ 웹디자인은 웹과 디자인이라는 두 가지 개념이 결합된 것이다.

[2025 복원]

171 웹디자인에서 고려해야 할 사항이 아닌 것은?

① 이미지 최적화   ② 레이아웃 설계
③ 웹페이지 배색 조화   ④ 인쇄 품질

[2025 복원]

172 그래픽 편집 프로그램에 해당하지 않는 것은?

① 포토샵(Photoshop)

② 일러스트레이션(Illustration)

③ 나모 웹에디터(Namo WebEditor)

④ 페인트샵 프로(PaintShop Pro)

173 인간의 두뇌에 해당하는 것으로 대부분의 계산과 판단을 수행하는 컴퓨터그래픽스 시스템 하드웨어는?

① RAM   ② LAN
③ CPU   ④ ROM

기적의 TIP 웹디자인은 웹페이지를 설계하고 제작하는 과정입니다. 웹디자인 시스템은 입력장치, 출력장치, 처리장치, 소프트웨어, 저장장치 등으로 구성됩니다. 웹디자인의 개념과 웹디자인 관련 시스템 구성요소에 대해 알아두세요.

[참고] 파트04-챕터01-섹션02

 합격 강의

042 | 웹디자인 프로세스

- 웹디자인 프로젝트 : 웹사이트를 '기획-설계-개발-출시-유지 보수'하는 일련의 과정을 포함
- 웹디자인 프로세스 : 웹디자인 프로젝트 과정에서 작업 흐름이 체계적으로 정리되어 각 단계에서 필요한 작업이 명확해짐
- 웹사이트의 이용자 등록 설계 시 필수 사항 : 성명, 아이디, 비밀번호 등
- 웹사이트 설계 시 고려해야 할 사항 : 직관적인 레이아웃, 웹사이트 주제를 고려한 색상 구성, 명확한 내비게이션, 반응형 디자인, 접근성, 로딩 속도 등

프로젝트 기획	목표와 목적 파악
	시장 조사
	타겟 고객 정의
	아이디어 도출
	타당성 조사
	팀 구성
	일정 수립
	예산 계획
웹사이트 기획(계획)	정보구조 설계
	콘텐츠 전략 수립
	기술 스택 선택
UI/UX 디자인	와이어프레임 작성
	스토리보드 작성
	프로토타입 제작
	디자인 가이드라인 문서 작성
	UX/UI 디자인
개발	프론트엔드 개발
	백엔드 개발
	CMS 통합
	테스트 및 디버깅
테스트 및 배포(런칭)	테스트 및 디버깅
	출시 및 모니터링
	마케팅 및 홍보
유지보수 및 업데이트	지속적인 유지 보수
	성능 최적화
	피드백 및 개선
	백업 및 복구

174 웹디자인 기획 시 고려해야 할 사항과 가장 거리가 먼 것은?

① 사이트의 목적과 필요성을 충분히 인식하였는가?
② 유사, 경쟁 사이트의 디자인 분석은 완료했는가?
③ 일련의 과정들에 대한 문서들의 보관 및 데이터 백업은 완료하였는가?
④ 통일성 확보를 위한 컬러, 톤, 폰트, 레이아웃의 원칙들은 수립되었는가?

[2025 복원]
175 웹디자인 프로세스에서 기획 단계에 설정될 일이 아닌 것은?

① 메뉴 구성
② 아이콘 디자인
③ 메인 색상 분위기
④ 정보구조 설계

[2025 복원]
176 웹디자인 과정에서 빈칸의 단계로 옳은 것은?

> 기획 – 설계 – ( ) – 출시 – 유지보수

① 웹사이트 모니터링
② 디자인 및 개발
③ 콘셉트 정의
④ 테스트 및 배포

[2025 복원]
177 웹사이트의 이용자 등록(회원가입) 시 필요하지 않는 내용은?

① 성명
② 직업
③ 아이디
④ 비밀번호

[2025 복원]
178 웹사이트 제작 시, 사용자 로그인 환경을 제작할 때 고려할 사항이 아닌 것은?

① 서버는 인증 정보를 암호화하여 전송한다.
② 사용자는 사용자 이름과 비밀번호를 입력하여 로그인한다.
③ 보안을 강화하기 위해 다층적인 인터페이스를 제공한다.
④ 서버는 입력된 인증 정보를 데이터베이스에서 확인하여 유효성을 검사한다.

179 웹사이트 개발과정에 대한 설명으로 틀린 것은?

① 콘텐츠 디자인 단계 – 사이트 계층구조 설계 등 아이디어를 개념화
② 웹사이트 디자인 단계 – 기획된 아이디어를 시각화
③ 웹사이트 구축 단계 – DB와 연동시키는 등의 각종 프로그래밍 작업
④ 콘셉트 정의 단계 – 레이아웃 및 내비게이션 구조 설계

180 웹페이지 제작 시 웹사이트 사용의 편리함을 높이기 위한 것으로 옳지 않은 것은?

① 로딩 시간에 구애받지 말고 intro 페이지를 화려하게 넣어 보는 즐거움을 준다.
② 이미지는 저해상도를 기본으로 하고 사용자 선택에 따라 고해상도의 정밀 사진을 링크한다.
③ 링크에 대한 설명은 링크 타이틀을 활용하여 텍스트로 제공한다.
④ 과도하게 정보를 제공(배치 혹은 나열)해서는 안된다.

기적의 TIP 웹디자인 프로젝트는 기획, 설계, 개발, 출시, 유지보수의 일련의 과정으로 이루어집니다. 프로젝트 진행 시 웹디자인 프로세스와 각 단계에서 진행되는 작업에 대해 익혀두세요.

정답 174 ③ 175 ② 176 ② 177 ② 178 ③ 179 ④ 180 ①

합격 강의

043 | 사용자 조사 · 분석(리서치)과 사용성 테스트

- 사용자 조사와 사용성 테스트를 통해 사용자의 필요와 요구를 정확히 파악하고 반영함으로써 더 나은 웹사이트를 사용자 경험(UX)을 제공
- 사용자 조사 · 분석은 사용자의 행동과 경험 등을 파악하기 위해 데이터를 수집하는 과정

사용자 행동 분석	• 사용자가 제품이나 서비스와 상호작용하는 동안 수행하는 행동을 이해하고 분석 • 웹 로그 분석, 클릭스트림 분석, 사용자 여정 분석, 히트맵 분석, A/B 테스트 등
사용자 태도 분석	• 사용자 태도 분석은 사용자가 제품이나 서비스에 대해 어떻게 느끼고 생각하는지를 이해하는 과정 • 설문조사, 인터뷰, 포커스 그룹 인터뷰, 관찰, 사용자 저널 등

- 사용성 테스트(Usability Test) : 웹사이트가 얼마나 효율적이고 효과적으로 사용될 수 있는지를 평가하는 것으로 프로토타입을 실제 사용자에게 테스트하여 피드백을 수집하는 과정
- 웹사이트의 사용성을 개선하기 위해 사용자 경험을 중심으로 웹사이트의 효과성을 평가하는 형성적 사용적합성 평가를 실시

[2025 복원]

181 참여자 모두에게 동일한 질문지를 주며 다수의 사람에게 동시에 진행할 수 있는 조사 방법은?

① 설문조사
② 관찰 조사
③ 인터뷰
④ 온라인 커뮤니티 모니터링

[2025 복원]

182 소비자이면서 생산자인 계층의 소비자를 의미하는 것으로, 웹디자인 구축 초기부터 최종 결과물에 이르기까지 의견과 피드백 제공하는 사용자는?

① 구독자
② 프로듀서
③ 프로슈머
④ 로얄컨슈머

[2025 복원]

183 다음 중 설문조사 도구가 아닌 것은?

① SurveyMonkey
② Google Forms
③ Typeform
④ Figma

[2025 복원]

184 사용자 행동 분석 중 웹사이트를 방문하고 상호작용하는 동안 발생한 웹 서버에 저장된 다양한 활동 데이터를 분석하는 것은?

① 사용자 여정 분석
② A/B 테스트
③ 웹 로그 분석
④ 설문조사

[2025 복원]

185 사용성 테스트에서 실제 사용자가 제품을 사용하는 과정을 파악하기 위해 체크리스트로 확인할 때 잘못된 관점은?

① 사용 시 발생한 장애를 체크한다.
② 사용자가 제품을 사용하는 동안의 경험을 기록한다.
③ 발생한 오류를 체크한다.
④ 사용자의 의견과 행동보다 기능 테스트에 집중한다.

[2025 복원]

186 프로토타입의 형성적 사용 적합성 평가에 대한 설명으로 틀린 것은?

① 웹사이트 최종 제품의 성능을 평가한다.
② 반복적인 테스트와 평가, 수정을 수행한다.
③ 사용자 경험(UX)을 중심으로 웹사이트 사용성을 평가한다.
④ 사용자 인터페이스(UI) 평가를 통해 디자인의 장단점, 예상치 못한 사용 오류를 탐색한다.

187 웹 사용성(Web Usability)에 대한 원칙으로 부적절한 것은?

① 내용과 기능을 단순화
② 일관성 있는 디자인 유지
③ 개발자 편의를 위한 사이트 구성
④ 정보의 우선순위 고려

기적의TIP 사용자 리처시와 사용성 테스트의 중요성에 대해 알아두세요. 사용자 행동 분석과 태도 분석의 차이를 이해하고, 설문조사, 웹 로그 분석, 사용성 테스트 등 다양한 도구와 방법을 숙지해두세요.

[참고] 파트01-챕터01-섹션01 합격 강의

044 | 웹사이트 분석, 경쟁사 분석

- 경쟁사 분석 : 경쟁사의 강점, 약점, 전략 등을 파악하여 자사의 전략을 개선하고 시장 경쟁력을 높이는 과정
- 웹사이트 분석 : 시장 조사 단계에서 실행하며, 타사 웹사이트의 장단점을 분석하고 차별점을 찾아 자사 웹사이트에 대한 차별화된 전략 수립에 활용

SWOT 분석	• 강점(Strengths), 약점(Weaknesses), 기회(Opportunities), 위협(Threats)을 체계적으로 분석 • 경쟁 환경에서 자사와의 비교를 통해 전략적 우위 도출
벤치마킹	• 우수한 사이트를 분석해 강점, 유사점, 단점을 비교하고 유용한 기능을 도입 • 시행착오를 줄이고 시장 흐름을 이해하며, 경쟁력 제고

188 웹사이트 분석 요소가 아닌 것은?

① 사용자의 지적 수준
② 메뉴 구성
③ 디자인 구성
④ 사이트 제작 기술 수준

189 웹사이트 제작에서 경쟁사의 웹사이트를 분석하는 이유로 틀린 것은?

① 해당 분야의 인터넷 시장을 파악한다.
② 경쟁 사이트들을 분석하여 자신의 사이트 경쟁력을 재고한다.
③ 인터넷 시장의 흐름을 이해한다.
④ 웹사이트 제작에 필요한 콘텐츠를 얻는다.

190 웹 기획에서의 벤치마킹에 대한 설명으로 틀린 것은?

① 원래 경제용어로 자신의 분야에서 최고의 회사를 모델로 삼아 그들의 독특한 비법을 배우는 것을 말한다.
② 인터넷 비즈니스에서 사용되는 벤치마킹은 경쟁사와 시장을 분석하여 비즈니스를 성공적으로 끌고 나갈 수 있는 요소들을 찾아내는 것이다.
③ 경쟁사의 성공 사례를 분석하고 경쟁사의 이미지를 그대로 활용하여 웹페이지를 제작한다.
④ 경쟁사가 갖고 있는 않은 독특한 경쟁요소를 확보한다.

191 웹사이트 기획에 관한 사항으로 옳지 않은 것은?

① 사용자 분석
② 타블렛 드로잉
③ 제작팀원 구성
④ 콘텐츠 기획

기적의TIP 경쟁사 분석은 자사의 전략을 개선하고 시장 경쟁력을 높이는 데 도움이 됩니다. 웹사이트와 경쟁사 분석에 대해 익혀두세요.

▶ 합격 강의

045 | 프로젝트 관리, 프로젝트 산출물

- 프로젝트 관련 문서 : 프로젝트의 각 단계에서 중요한 정보를 제공

제안요청서(RFP)	프로젝트 발주기관이 프로젝트 제안서 제출을 요청하기 위해 작성
제안서(Proposal)	서비스를 공급하려는 업체가 발주기관에 제출하기 위해 작성
프로젝트 계획서	프로젝트 제안서 승인 후, 상세한 계획을 수립하기 위해 작성
최종 보고서	프로젝트 종료 시 작성

- WBS(작업분류체계) : 프로젝트를 구성요소로 분할하여 체계적으로 관리하는 방법
- 마르미(MaRMI) 아키텍처 : 국내에서 개발된 한국형 정보시스템 개발 방법론으로, 국내 개발 여건에 맞추어 체계적으로 개발 과정을 관리하는 방법론
  - 4개의 공정과 30개의 활동을 포함, 각 세부 단계별 산출물 지침 제공
- 프로젝트 산출물 : 프로젝트의 각 단계에서 생성되는 최종 결과물로 소프트웨어나 문서, 시스템 등 실질적으로 제공되는 것
- CBD SW개발 표준 산출물 관리 가이드 : 객체지향 및 컴포넌트 기반 개발의 산출물 관리체계
  - 컴포넌트 기반 개발(CBD, Component-Based Development) : 소프트웨어 시스템을 독립적이고 재사용 가능한 컴포넌트(구성요소)로 분리하여 개발하는 접근 방식
  - '분석-설계-구현-시험' 단계에 따른 총 25개의 필수 산출물을 도출

[2025 복원]

192 산출물 정리에 대한 설명으로 옳지 않은 것은?

① 원가 개념을 적용하여 불필요한 문서 자료는 정리한다.

② 모든 문서와 자료는 철저히 분류하고 보관해야 한다.

③ 프로젝트 종료 후에는 필요한 문서만 보관하고 나머지는 폐기한다.

④ 산출물을 정기적으로 백업하고, 필요시 복구할 수 있도록 시스템을 마련한다.

[2025 복원]

193 최종 프로젝트를 제출할 때 그 산출물과 작업 내용에 해당하지 않는 것은?

① 결과 보고서

② 회의록

③ 제안서

④ 견적서

[2025 복원]

194 다음 중 프로젝트 최종 산출물 중 최종 보고서에 들어가는 내용이 아닌 것은?

① 프로젝트 개요

② 프로젝트 성과 및 결과

③ 프로젝트 개선점

④ 프로젝트 팀원 평가

[2025 복원]

195 마르미 아키텍처 원칙과 절차를 웹사이트 개발에 적용하는 주된 이유와 관련이 적은 것은?

① 웹사이트를 모듈 단위로 분할하여 점진적으로 개발을 진행할 수 있다.

② 컴포넌트 기반 개발(CBD)을 중심으로 시스템을 개발하여 재사용성을 높일 수 있다.

③ 시스템 개발의 각 단계에서 피드백을 반영하여 개선할 수 있다.

④ 프로젝트의 예산, 비용 관리 등 프로젝트의 재정 계획을 세울 수 있다.

정답 192 ① 193 ④ 194 ④ 195 ④

▶ 합격 강의

[2025 복원]

196 CBD SW개발 표준 산출물에 대한 설명으로 틀린 것은?

① 총 30개의 필수 산출물을 도출하였다.

② 객체지향 및 컴포넌트 기반 개발의 산출물 관리 체계이다.

③ 프로젝트의 각 단계에서 필요한 산출물을 명확히 제시한다.

④ 프로젝트 산출물을 '분석 - 설계 - 구현 - 시험' 단계별로 제시한다.

[2025 복원]

197 프로젝트 최종 발표에 대한 설명으로 옳지 않은 것은?

① 발표 내용을 시각화하여 함축적인 내용만 담는다.

② 명확하고 직관적으로 내용을 전달한다.

③ 이해를 돕기 위한 용어와 설명을 담는다.

④ 발표 시간을 준수하여 진행한다.

> **기적의 TIP** 산출물 정리는 모든 문서와 자료를 철저히 분류하고 보관하며, 불필요한 문서는 정리하지 않아야 합니다. 최종 프로젝트 산출물에는 결과 보고서, 회의록, 제안서 등이 포함됩니다. 프로젝트 관리와 산출물 관리의 기본 원칙, 프로젝트 최종 발표에 대해 익혀두세요.

046 | 최신 트렌드

- 트렌드 : 사회, 생활, 문화 등의 변화 동향을 나타내는 것
- 웹 트렌드 : 최신 인터넷 사용자 행동 및 기술의 변화, 기술과 디자인 분야의 현재와 미래 동향을 반영
- 새로운 아이디어나 디자인 움직임으로 시작되어, 다른 웹사이트들이 이를 대규모로 채택하면서 형성됨
- 웹 트렌드는 단기간에 사라질 수도 있어 반드시 반영해야 하는 것은 아니며, 웹 트렌드에만 의존할 경우 웹사이트가 비슷해 보이는 문제가 발생할 수 있음
- 웹디자인 직무 변화 : 인공지능의 등장으로 단순·반복적인 코딩 역량보다 더욱 창의적이고 복잡한 문제 해결에 집중할 수 있도록 변화

[2025 복원]

198 인공지능 시대의 웹 개발에서 개발자에게 점차 적게 요구되는 역량은?

① 창의적이고 복잡한 문제 해결

② 자동화 도구와 인공지능 모델을 효과적으로 활용하는 능력

③ 사용자 경험(UX) 개선을 위한 창의적인 디자인 능력

④ 반복적이고 규칙적인 코딩 작업 수행 능력

[2025 복원]

199 다음 중 뉴미디어의 종류에 해당하는 것은?

① 편집디자인

② 웹디자인

③ 실내디자인

④ 가상현실

200 경향이나 흐름을 나타내는 말로서 디자인에서 유행 추세를 나타내는 것은?

① 트렌드

② 스타일

③ 브랜드

④ 트레이드

> **기적의 TIP** 트렌드의 의미와 종류, 뉴미디어 등에 대해 알아두세요. 인공지능 모델의 효과적인 활용이 가져올 웹디자인 직무 변화에 대해 숙지해두세요.

[정답] 196 ① 197 ① 198 ④ 199 ④ 200 ①

기출 예상문제 01회

자동 채점 서비스

참고 파트03-챕터02-섹션02

01 디자인 원리 중 리듬을 적용한 웹페이지에 대한 특징으로 옳은 것은?

① 시각적인 안정감을 준다.
② 복잡한 느낌을 준다.
③ 지루하고 단조롭다.
④ 긴장감과 불안감을 준다.

참고 파트03-챕터02-섹션02

02 다음 중 선에 대한 설명으로 거리가 먼 것은?

① 선은 하나의 점이 이동하면서 이루는 자취이다.
② 가는 직선은 예리하고 가볍게 느껴진다.
③ 사선은 동적이고 불안정한 느낌을 주나 사용에 따라 강한 표현에 효과적이다.
④ 곡선은 우아, 매력, 모호, 유연, 섬세함과 정적인 표정을 나타낸다.

참고 파트05-챕터01-섹션01

03 다음과 같이 선명한 빨강 바탕에 주황색을 놓았을 때와 회색 바탕에 주황색을 놓았을 때의 설명으로 옳은 것은?

① 빨강 바탕의 주황색이 채도가 높아 보인다.
② 회색 바탕의 주황색이 채도가 높아 보인다.
③ 두 경우 모두 채도의 변화가 없다.
④ 두 경우 모두 채도가 높아진다.

참고 파트05-챕터01-섹션01

04 NCS 표색계에 대한 설명으로 옳은 것은?

① 색상환은 노랑(Y), 빨강(R), 파랑(B), 초록(G)으로 구성된다.
② 기본 6색 중 흰색과 검정은 포함되지 않는다.
③ 20% 흰색도와 30%의 유채색도를 표시하고 90%는 노랑색도를 지닌 백색이다.
④ 색지각 양의 합은 100이며, 이것은 명도, 채도, 색상의 합이다.

참고 파트06-챕터01-섹션05

05 병원 수술실에서 적용할 수 있는 적합한 색상은?

① 보라
② 녹색
③ 검정
④ 주황

참고 파트06-챕터01-섹션03

06 유사조화에 대한 설명으로 옳지 않은 것은?

① 온화함을 얻을 수 있다.
② 때때로 단조로워질 수 있으므로 반복에 의한 리듬감을 이끌어낸다.
③ 동일하지 않더라도 서로 닮은 형태의 모양, 종류, 의미, 기능끼리 연합하여 한 조가 되는 것을 만들 수 있다.
④ 수평과 수직, 직선과 곡선 등 대립된 모양이나 종류에서 나타난다.

참고 파트05-챕터01-섹션02

07 인상파 화가의 점묘화, TV의 영상 화면, 직물 등 에 나타나는 가법혼색으로 디더링의 혼색 원리이기도 한 혼합 방법을 무엇이라 하는가?

① 중간혼합
② 감색혼합
③ 병치혼합
④ 회전혼합

참고 파트06-챕터01-섹션05

08 색의 진출에 대한 설명으로 틀린 것은?

① 따뜻한 색이 차가운 색보다 더 진출하는 느낌을 준다.
② 밝은 색이 어두운 색보다 더 진출하는 느낌을 준다.
③ 무채색이 유채색보다 더 진출하는 느낌을 준다.
④ 팽창색이 수축색보다 더 진출하는 느낌을 준다.

참고 파트05-챕터01-섹션01

09 먼셀 색입체에서 입체의 가로 방향에 해당하는 B 부분에 대한 설명으로 옳은 것은?(단, A는 입체의 상하, B는 입체의 가로 방향, C는 입체의 둘레를 의미한다.)

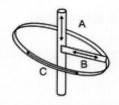

① 명도를 나타내며 바깥쪽으로 갈수록 명도가 높아진다.
② 채도를 나타내며 바깥쪽으로 갈수록 채도가 높아진다.
③ 색상을 나타내며 여러 색상들의 나열을 볼 수 있다.
④ 색상을 나타내며 색입체의 가장 안쪽에 순색이 위치한다.

참고 파트05-챕터01-섹션01

10 다음 중 분광색(Spectral Colors)에 대한 설명으로 옳은 것은?

① 780nm 이상의 장파장을 의미한다.
② 프리즘을 통과한 스펙트럼에서 분산되어 나타난 순수한 색을 의미한다.
③ 가시광선과 보이지 않는 비가시광선으로 나뉜다.
④ 빛의 굴절을 이용해 백색광을 연속된 색으로 분리한 것이다.

참고 파트06-챕터01-섹션03

11 저드(Judd)의 색채 조화론에 해당하지 않는 것은?

① 질서의 원리
② 모호성의 원리
③ 친근감의 원리
④ 유사성의 원리

참고 파트03-챕터02-섹션02

12 한국산업표준(KS)에 따른 색의 3속성으로 옳은 것은?

① Cyan, Value, Chroma
② Hue, Black, Chroma
③ Hue, Value, Cloudy
④ Hue, Value, Chroma

참고 파트05-챕터01-섹션02

13 색광의 혼합에 대한 설명으로 틀린 것은?

① 혼합할수록 명도가 높아진다.
② 혼합할수록 채도가 높아진다.
③ 색광의 삼원색 R,G,B를 더하면 흰색이 된다.
④ 빨간색과 녹색을 혼합하면 노란색 빛이 된다.

참고 파트03-챕터02-섹션02

14 게슈탈트 이론 중 비슷한 모양이 서로 가까이 놓여있을 때 그 모양들이 동일한 형태의 그룹으로 보이는 경향을 무엇이라고 하는가?

① 근접성의 법칙
② 유사성의 법칙
③ 연속성의 법칙
④ 폐쇄성의 법칙

참고 파트05-챕터01-섹션01

15 다음이 설정하고 있는 현상으로 옳은 것은?

> • 망막에 상이 흐리게 맺혀 윤곽이 선명하게 보이지 않는다.
> • 날이 저물기 직전의 약간 어두움이 깔리기 시작할 무렵에 작용한다.
> • 추상체와 간상체가 동시에 활동한다.
> • 색의 판단을 신뢰할 수 없다.

① 박명시
② 암소시
③ 명소시
④ 암순응

참고 파트02-챕터01-섹션02

16 타이포그래피에서 가독성을 향상하는 방식 중 가장 영향이 큰 요소는?

① 폰트(서체)
② 자간
③ 행간
④ 여백

참고 파트01-챕터02-섹션01

17 브레인스토밍에 대한 설명으로 옳지 않은 것은?

① 여러 사람이 자유분방하게 의견을 제시한다.
② 많은 양의 아이디어 생성을 목표로 한다.
③ 의견을 제시할 때 비판을 하지 않는다.
④ 서로 관련이 없어 보이는 요소들을 결합하여 새로운 아이디어를 도출한다.

참고 파트01-챕터01-섹션03

18 다음 중 허락없이 사용할 수 있는 저작물은?

① 신문기사
② 공공저작물
③ 영화 예고편 영상
④ SNS에 게시된 저작물

참고 파트03-챕터02-섹션04

19 UI 그룹화 시 이점이 아닌 것은?

① 신속성
② 일관성
③ 창의성
④ 재사용성

참고 파트03-챕터02-섹션04

20 사용자가 웹페이지의 입력 폼에 커서를 올렸을 때 하이라이트 되는 것과 같이 사용자가 시스템과 상호작용하는 동안 발생하는 작은 피드백이나 변화를 디자인하는 것을 무엇이라고 하는가?

① 비주얼 디자인
② 반응형 디자인
③ 사용자 중심 디자인
④ 마이크로인터랙션 디자인

참고 파트03-챕터02-섹션04

21 손가락으로 떼지 않고 누르고 있는 상태를 의미하는 UX 용어는?

① 탭
② 프레스
③ 드래그
④ 핀치

참고 파트03-챕터02-섹션04

22 사용자가 상호작용하는 다양한 지점들이 포함되는 UI 접점을 의미하는 것으로 UX 디자인에서 사용자의 경험을 최적화하기 위한 핵심 요소는?

① 타임라인
② 페인포인트
③ 제스처
④ 터치포인트

참고 파트03-챕터02-섹션04

23 사용자 경험(UX) 디자인에서 프로토타입이 중요한 이유로 옳은 것은?

① 사용자 요구사항을 수집하고 분석할 수 있다.
② 디자인을 실제 제품처럼 테스트해 볼 수 있다.
③ 피드백을 기반으로 빠른 반복(Iteration)을 통해 개선할 수 있다.
④ 주요 경쟁사를 식별하고 그들의 시장 점유율을 파악할 수 있다.

참고 파트02-챕터02-섹션01

24 사용자 행동 분석 중 웹사이트를 방문하고 상호작용하는 동안 발생한 웹 서버에 저장된 다양한 활동 데이터를 분석하는 것은?

① 사용자 여정 분석
② A/B 테스트
③ 웹 로그 분석
④ 설문조사

참고 파트03-챕터02-섹션04

25 페르소나 설정을 위한 기본 요소가 아닌 것은?

① 행동 패턴
② 컴퓨터 성능
③ 인구 통계 정보
④ 사용자 요구사항

참고 파트01-챕터02-섹션02

26 웹사이트 개발 과정에서 다음이 이루어지는 단계는?

> 경쟁사의 웹사이트의 장단점을 분석하고 차별점을 찾아 자사의 웹사이트에 대한 차별화된 전략을 수립한다.

① 팀 구성 단계
② 시장 조사 단계
③ 테스트 및 배포 단계
④ 정보아키텍처 설계 단계

참고 파트01-챕터01-섹션01

27 소비자이면서 생산자인 계층의 소비자를 의미하는 것으로, 웹디자인 구축 초기부터 최종 결과물에 이르기까지 의견과 피드백을 제공하는 사용자는?

① 구독자
② 프로듀서
③ 프로슈머
④ 로얄컨슈머

참고 파트02-챕터01-섹션01

28 다음 중 GIF 포맷의 특징이 아닌 것은?

① 최대 256가지의 색상을 표현할 수 있다.
② 빠른 전송 속도 때문에 웹용 이미지로 사용된다.
③ 투명한 이미지와 애니메이션 표현이 가능하다.
④ 24bit 풀컬러(트루컬러)를 사용한다.

참고 파트04-챕터02-섹션03

29 다음 중 순서가 없는 목록 태그는?

① 〈ul〉〈/ul〉
② 〈ol〉〈/ol〉
③ 〈li〉〈〈/li〉
④ 〈dt〉〈/dt〉

참고 파트04-챕터02-섹션03

30 다음 중 HTML 문서의 구조가 옳은 것은?

① 〈HTML〉〈HEAD〉〈/HEAD〉〈BODY〉〈/BODY〉
〈/HTML〉
② 〈HEAD〉〈/HEAD〉〈HTML〉〈BODY〉〈/HTML〉
〈/BODY〉
③ 〈HEAD〉〈HTML〉〈/HTML〉〈/HEAD〉〈BODY〉
〈/BODY〉
④ 〈HEAD〉〈/HEAD〉〈HTML〉〈BODY〉〈/BODY〉
〈/HTML〉

참고 파트04-챕터02-섹션03

31 웹페이지에서 아래 첨자를 지정할 때 사용되는 HTML 태그는?

① 〈S〉
② 〈SUB〉
③ 〈SUP〉
④ 〈TT〉

참고 파트04-챕터02-섹션03

32 하이퍼텍스트에서 사용되는 〈A〉 태그에서 A가 지칭하는 용어는?

① 앤드(And)
② 오토(Auto)
③ 앵커(Anchor)
④ 애널리틱스(Analytics)

참고 파트03-챕터02-섹션03

33 반응형 웹페이지 제작 시 중요한 사항이 아닌 것은?

① 뷰포트
② 미디어 쿼리
③ 이미지 해상도
④ 반응형 레이아웃

참고 파트03-챕터03-섹션02

34 웹페이지 작성 프로그래밍 언어 중 웹 표준에 해당하지 않는 것은?

① HTML
② CSS
③ DHTML
④ XML

참고 파트04-챕터01-섹션02

35 다음 중 특성이 다른 하나는?

① ASP
② JSP
③ PHP
④ JavaScript

참고 파트04-챕터02-섹션03

36 〈Style〉〈/Style〉 태그 안에서 다른 외부 CSS를 불러오는 HTML로 옳은 것은?

① @open url('styles.css');
② @include url('styles.css');
③ @require url('styles.css');
④ @import url('styles.css');

참고 파트04-챕터02-섹션03

37 아래의 코딩이 적용된 경우 웹브라우저에 나타나는 결과는?

```
<!DOCTYPE html>
<html>
<head>
    <meta charset="UTF-8">
    <title>Webpage</title>
    <style>
        body {
            margin: 200px;
            line-height: 1.5;
            color: blue;
            z-index: 10;
            opacity: 1;
        }
    </style>
</head>
<body>
    <p>Hello</p>
</body>
</html>
```

① 본문의 색상이 blue로 나타난다.
② 본문의 글자 높이가 1.5배 커진다.
③ 본문의 기울기가 10정도 기울어진다.
④ 웹사이트 여백이 200px으로 조정된다.

참고 파트04-챕터02-섹션03

38 다음 중 자바스크립트의 이벤트 핸들러에 대한 종류와 설명이 옳지 않은 것은?

① onBlur : 대상이 포커스를 잃어버렸을 때 발생되는 이벤트를 처리한다.
② onFocus : 대상에 포커스가 들어왔을 때 발생되는 이벤트를 처리한다.
③ onMouseOn : 마우스가 대상의 링크나 영역 안에 위치할 때 발생되는 이벤트를 처리한다.
④ onMouseOut : 마우스가 대상의 링크나 영역 안을 벗어날 때 발생되는 이벤트를 처리한다.

참고 파트03-챕터03-섹션01

39 다음 중 DOM에 대한 설명으로 옳지 않은 것은?

① HTML 요소의 콘텐츠 변경
② 새로운 HTML 요소 추가
③ CSS 스타일 변경
④ 서버의 데이터베이스 수정

참고 파트03-챕터03-섹션01

40 웹 브라우저의 기능으로 옳지 않은 것은?

① 웹사이트 접속
② 정보 검색
③ 사진 합성
④ 인터넷 서비스 제공

참고 파트05-챕터01-섹션01

41 큰 이미지 또는 사진과 같이 컬러 수가 많은 웹 이미지에 적합한 파일 포맷은?

① EPS
② PSD
③ JPEG
④ BMP

참고 파트03-챕터01-섹션01

42 다음은 무엇에 관한 설명인가?

- 웹사이트의 전체 구조, 화면 구성, 콘텐츠 정보 등을 작성해 보는 것이다.
- 화면 단위로 삽입될 구성요소 및 구체적 내용을 정리해 놓는다.

① 레이아웃
② 내비게이션
③ 스토리보드
④ 동영상

참고 파트03-챕터02-섹션05

43 다음 중 3D 모델링 중 Vertex 모델에 대해 바르게 설명한 것은?

① 점들이 모여 Edge와 Face를 형성한다.
② 점과 선으로 오브젝트의 골격만 표현한다.
③ 오브젝트의 내부까지 채워진 고형 모델이다.
④ 수학적 Parameter를 이용하여 오브젝트를 정의한다.

참고 파트04-챕터01-섹션01

44 웹디자인에 대한 설명으로 거리가 먼 것은?

① 웹페이지를 디자인하고 제작하는 것을 의미한다.
② 웹디자인은 개인용 홈페이지 이외에 기업용 등 다양하다.
③ 웹디자인은 웹과 디자인이라는 두 가지 개념이 결합된 것이다.
④ 기업, 단체, 행사의 특징과 성격에 맞는 시각적 상징물을 말한다.

참고 파트01-챕터01-섹션01

45 어느 특정 분야에서 우수한 상대를 표적 삼아 성과 차이를 비교하고 이를 극복하기 위해 상대의 뛰어난 점을 배우면서 자기혁신을 추구하는 기법을 무엇이라고 하는가?

① 벤치마킹
② UI 디자인
③ 프로모션
④ 콘셉트 개발

참고 파트03-챕터01-섹션01

46 다음과 같은 내비게이션 구조는?

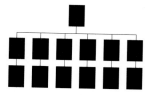

① 순차 구조
② 프로토콜 구조
③ 계층 구조
④ 네트워크 구조

참고 파트03-챕터01-섹션03

47 고정형 너비 레이아웃의 특징으로 옳지 않은 것은?

① 콘텐츠가 특정 너비로 고정되어 있다.
② 화면 크기에 따라 레이아웃이 유동적으로 변한다.
③ 사용자가 다양한 디바이스에서 일관된 디자인을 볼 수 있다.
④ 브라우저 창 크기에 상관없이 항상 같은 너비를 유지한다.

참고 파트02-챕터01-섹션01

48 웹 그래픽 제작에서 반복되는 배경 이미지 제작의 설명으로 가장 거리가 먼 것은?

① 줄무늬를 배경 이미지로 제작
② 도형을 이용한 패턴 제작
③ 부드러운 그라데이션 제작
④ 동영상을 배경 이미지로 제작

참고 파트02-챕터01-섹션01

49 벡터(Vector) 이미지에 대한 설명으로 틀린 것은?

① 흑백 이미지로부터 트루컬러 이미지까지 다양한 컬러 작업이 용이하다.
② 이미지를 확대 또는 축소, 회전·변환시키더라도 왜곡이 발생하지 않는다.
③ 점, 선, 면의 좌표 값을 수학적으로 저장하는 방식으로 그림을 표현한다.
④ 로고 제작, 플래시 애니메이션 등 그래픽 프로그램에서 사용한다.

참고 파트02-챕터01-섹션02

50 비디오(AVI)의 공식 자막으로 사용하는 멀티미디어 포맷은 무엇인가?

① SRT
② MP4
③ MKV
④ MOV

참고 파트02-챕터01-섹션01

51 그래픽 심벌(Symbol)이 가져야 할 조건으로 옳지 않은 것은?

① 대중성 및 사용의 편리성
② 구성의 간결성
③ 세련된 디자인
④ 디자인의 모호성

참고 파트02-챕터01-섹션01

52 곡선(곡면)이나 사선(사면)을 표현할 때 바탕과 이미지 사이의 경계를 부드럽게 처리해 주는 것은?

① 매핑
② 앨리어싱
③ 안티 앨리어싱
④ 디더링

참고 파트02-챕터01-섹션02

53 다음이 설명하고 있는 것은?

> • 실사와 애니메이션을 합성하는 기법으로 많이 사용된다.
> • 먼저 촬영한 실제 필름 위에 애니메이션을 위한 셀을 올려놓고 실사 안에 추가하고자 하는 애니메이션을 삽입한다.

① 로토스코핑
② 모션캡처
③ 플립북
④ 모핑

참고 파트04-챕터01-섹션02

54 웹디자인 프로세스의 기획 단계에 해당하지 않는 것은?

① 메뉴 구성
② 아이콘 디자인
③ 콘텐츠 계획
④ 사용자 흐름 설계

참고 파트02-챕터01-섹션01

55 그래픽 편집 프로그램에 해당하지 않는 것은?

① 포토샵(Photoshop)
② 일러스트레이션(Illustration)
③ 나모 웹에디터(Namo WebEditor)
④ 페인트샵 프로(PaintShop Pro)

참고 파트07-챕터01-섹션02

56 CBD SW개발 표준 산출물 가이드에 따라 최종 프로젝트 산출물을 제출할 때 해당되지 않는 사항은?

① 인터페이스 설계서
② 운영자 지침서
③ 사용자 사용 현황서
④ 프로그램 소스 코드

참고 파트07-챕터01-섹션02

57 산출물 정리에 대한 설명으로 옳지 않은 것은?

① 원가 개념을 적용하여 불필요한 문서 자료는 정리한다.

② 모든 문서와 자료는 철저히 분류하고 보관해야 한다.

③ 프로젝트 종료 후에는 필요한 문서만 보관하고 나머지는 폐기한다.

④ 산출물을 정기적으로 백업하고, 필요시 복구할 수 있도록 시스템을 마련한다.

참고 파트07-챕터01-섹션02

58 다음 중 프로젝트 최종 산출물 중 최종 보고서에 들어가는 내용이 아닌 것은?

① 프로젝트 개요

② 프로젝트 성과 및 결과

③ 프로젝트 문제점

④ 프로젝트 팀원 평가

참고 파트02-챕터01-섹션01

59 웹용 이미지를 디자인할 때 고려해야 할 사항으로 가장 거리가 먼 것은?

① 파일 크기

② 파일 포맷 형식

③ 이미지의 색상

④ 인쇄 설정

참고 파트04-챕터01-섹션01

60 컴퓨터 그래픽스(Graphics)의 장점으로 틀린 것은?

① 인간의 상상력을 기반으로 자유롭게 표현할 수 있다.

② 제작물을 수정하는 것이 가능하다.

③ 미세한 부분은 전혀 표현할 수 없다.

④ 명암이나 컬러, 질감을 자유롭게 바꿀 수 있다.

빠른 정답 확인 QR
스마트폰으로 QR을 찍으면 정답표가 오픈됩니다.
기출문제를 편리하게 채점할 수 있습니다.

기출 예상문제 02회

자동 채점 서비스

참고 파트06-챕터01-섹션04

01 색에 대한 설명으로 옳은 것은?

① 차가운 색이나 명도와 채도가 낮은 색은 진출색
으로 돌출되어 보인다.
② 따뜻한 색이나 명도가 높은 색은 부피가 팽창되
어 보인다.
③ 무채색이 유채색보다 돌출되어 보인다.
④ 무채색 바탕에 따뜻한 색과 차가운 색의 크기가
같은 원을 올려놓으면 따뜻한 색의 원이 더 후퇴
되어 보인다.

참고 파트03-챕터02-섹션02

02 미적 대상을 구상하는 부분과 부분의 사이에 질적으
로나 양적으로 모순되는 일 없이 질서가 잡혀 어울리
는 것은?

① 균형
② 조화
③ 변화
④ 리듬

참고 파트03-챕터02-섹션01

03 디자인의 조건 중 심미성에 대한 설명으로 옳은 것은?

① 디자인된 결과물은 단지 개인의 소유물이 아니
라 사회적 존재로서의 의미를 지닌다.
② 인간의 생활을 보다 차원 높게 유지하려는 조건
의 하나로서 미의 문제가 고려된다.
③ 디자이너의 창의적인 디자인 감각에 의해 새로
운 가치를 가진다.
④ 가장 합리적으로 효율적이며 경제적인 효과를
얻도록 디자인한다.

참고 파트06-챕터01-섹션05

04 건강식품 판매 웹사이트 색상으로 적절한 것은?

① 초록
② 노랑
③ 주황
④ 빨강

참고 파트06-챕터01-섹션05

05 다음 중 색과 색의 연상이 잘못 연결된 것은?

① 노랑 – 주의 표시, 명랑
② 파랑 – 여름, 시원함
③ 회색 – 신비, 위엄, 고독
④ 검정 – 주검, 탄 것, 엄숙미

참고 파트06-챕터01-섹션05

06 다음 중 쓴맛을 나타내기에 가장 적당한 색은?

① 노랑
② 주황
③ 회색
④ 녹색

참고 파트05-챕터01-섹션02

07 광색(255, 255, 0)의 결과는?

① 빨강
② 녹색
③ 파랑
④ 노랑

참고 파트02-챕터01-섹션01

08 컬러 프린트를 만들기 위해 C, M, Y, K 4색의 네거티브 필름으로 만드는 과정을 무엇이라 하는가?

① 색 수정
② 색상좌표
③ 색도도
④ 색분해

참고 파트05-챕터01-섹션03

09 다음 중 성격이 나머지와 다른 것은?

① NCS
② OSA
③ CIE
④ DIN

참고 파트06-챕터01-섹션04

10 색채 조화를 위한 배색에 있어 고려해야 할 사항으로 잘못된 것은?

① 주조색을 먼저 정한 후 되도록 많은 색을 배색한다.
② 일반적으로 가벼운 색은 위쪽으로 하고, 무거운 색은 아래쪽으로 한다.
③ 색의 전체적인 조화를 위해 색상, 명도, 채도 중 공통된 부분을 만들어 준다.
④ 비슷한 색상들로 이루어진 조화는 명도나 채도에 차이를 두어 대비 효과를 구성한다.

참고 파트06-챕터01-섹션04

11 녹색 배경에 있는 회색 사각형을 계속 응시하다가 흰색 배경을 바라보면 붉은 바탕 안의 녹색 사각형으로 보이게 되는 것은 어떤 현상인가?

① 동시대비
② 계시대비
③ 한난대비
④ 면적대비

참고 파트05-챕터01-섹션03

12 과거부터 전해 내려와 습관적으로 사용하는 색 하나의 색명을 무엇이라 하는가?

① 일반색명
② 계통색명
③ 관용색명
④ 특정색명

참고 파트03-챕터02-섹션02

13 디자인의 원리에 대한 설명으로 틀린 것은?

① 통일은 조화로운 형, 색, 질감이 각기 다른 특징을 갖고 있다.
② 대칭은 균형의 전형적인 구성형식이며 좌우대칭, 방사대칭이 있다.
③ 반복은 동일한 요소나 대상 등을 두 개 이상 나열시켜 율동감을 표현하는 것으로 시각적으로 힘의 강약효과가 있다.
④ 조화는 디자인 요소들이 상호관계를 가지고 균형감을 잃지 않은 상태로 이루어진 것을 의미한다.

참고 파트03-챕터02-섹션01

14 굿 디자인(Good Design)을 위한 디자인의 조건에 포함되지 않는 것은?

① 합목적성
② 독창성
③ 심미성
④ 모방성

참고 파트02-챕터01-섹션01

15 기업의 로고나 문자가 있는 일러스트레이션 같이 선명한 단색 이미지를 포함하고, 동일 색상이 수평으로 나열되어 있을 경우에 높은 압축률을 보이는 파일포맷은?

① PNG-8
② JPEG
③ GIF
④ PSD

참고 파트02-챕터01-섹션01

16 CMYK로 저장된 JPEG 파일을 익스플로러와 같이 낮은 버전의 웹 브라우저에서 실행했을 때 나타날 수 있는 결과로 옳은 것은?

① 이미지의 명도가 낮게 나타난다.
② 색상이 반대로 나타난다.
③ 원래 크기보다 크게 보인다.
④ 이미지를 표시하지 못한다.

참고 파트02-챕터01-섹션02

17 웹에서 사용되는 타이포그래피의 특징에 대한 설명으로 틀린 것은?

① 타이포그래피는 문자의 모양과 배열을 의미하는 것으로 웹과 접목되면 다양한 표현이 가능해진다.
② 웹에서는 서체 사용에 제한이 없다.
③ 웹의 타이포그래피를 이용한 인터랙티브한 구성이 가능해진다.
④ 웹의 타이포그래피는 동적인 표현이 가능하다.

참고 파트01-챕터01-섹션03

18 다음 중 저작권을 비영리 목적으로 사용할 수 있는 경우는?

① 공공저작물 이용에 사용할 수 있다.
② 블로그에 올라와 있는 폰트 사용할 수 있다.
③ 포털사이트에서 다운로드한 이미지를 사용할 수 있다.
④ 웹에서 찾은 영상을 편집하여 새로운 영상으로 제작할 수 있다.

참고 파트03-챕터02-섹션02

19 디자인의 표현 요소가 아닌 것은?

① 점, 선, 면
② 방향, 공간
③ 형태, 크기
④ 흔적, 영역

참고 파트03-챕터02-섹션02

20 다음 그림과 같이 일부분이 끊어진 상태이지만 문자로 인식되는 것은 어떤 원리 때문인가?

① 규칙성
② 유사성
③ 폐쇄성
④ 연속성

참고 파트01-챕터02-섹션02

21 일반적으로 웹디자이너가 웹페이지에 적용할 색을 설계할 때 고려할 사항으로 거리가 먼 것은?

① 무조건적인 보색 사용은 자제한다.
② 배경색과 배경무늬는 심플한 것이 좋다.
③ 일관성보다 다양한 색상을 고려하여 적용한다.
④ 색상의 상징은 일반적인 기준을 따르는 것이 좋다.

참고 파트02-챕터02-섹션02

22 웹에 사용할 이미지에 대한 설명으로 틀린 것은?

① 이미지는 최대한 고해상도의 이미지를 사용한다.
② 이미지의 기본 단위는 px이다.
③ 이미지는 로딩 속도를 줄이기 위해 용량을 고려해야 한다.
④ 주로 JPG, GIF 포맷의 이미지를 사용한다.

참고 파트03-챕터02-섹션02

23 웹사이트 디자인에서 가장 먼저 시각적으로 인식되는 요소는 무엇인가?

① 폰트
② 컬러
③ 캐릭터
④ 아이콘 디자인

참고 파트02-챕터01-섹션01

24 픽셀(pixel)에 대한 설명 중 잘못된 것은?

① 디지털 이미지에서 더 이상 나눌 수 없는 최소 단위이다.
② 픽셀의 좌표계를 비트맵이라고 한다.
③ 픽셀의 좌표는 X, Y, Z 축의 좌표계이다.
④ 각 픽셀은 색심도(Color Depth)가 클수록 많은 색상을 표현하게 된다.

참고 파트04-챕터02-섹션02

25 HTML을 이용한 웹페이지 작성에 대한 설명으로 틀린 것은?

① Markup 태그를 이용하여 작성한다.
② 다양한 멀티미디어 포맷의 파일을 연결시킬 수 있다.
③ HTML은 사용자가 정의한 태그(tag)를 사용할 수 있다.
④ 위지윅(WYSLWYG) 방식의 HTML 편집 프로그램을 활용하면 코드를 직접 입력하지 않아도 웹페이지 작성이 가능하다.

참고 파트04-챕터02-섹션03

26 HTML 태그에 대한 설명으로 틀린 것은?

① ⟨I⟩는 이탤릭체를 보여준다.
② ⟨OL⟩은 순서가 있는 목록을 작성할 때 사용한다.
③ ⟨HR⟩은 웹 브라우저 화면에 수직선을 긋는 태그로 종료 태그가 없다.
④ ⟨BR⟩은 줄을 바꿀 때에 사용하며 종료 태그가 없다.

참고 파트04-챕터02-섹션03

27 자바스크립트(Javascript)에 대한 설명으로 틀린 것은?

① 컴파일러 방식의 프로그래밍 언어이다.
② 자바스크립트를 지원하는 브라우저만 있으면 모든 운영체제에서 실행된다.
③ 모든 운영체제, 하드웨어에서 사용할 수 있는 플랫폼 독립적인 언어이다.
④ 스크립트 해석기에 의해 스크립트를 직접 실행하는 인터프리터 언어이다.

참고 파트04-챕터02-섹션03

28 다음 중 자바스크립트에서 변수명으로 사용될 수 없는 것은?

① act_7
② total1
③ 2cond_id
④ _reg_number

참고 파트04-챕터02-섹션03

29 다음 자바스크립트의 연산자 중 우선순위가 가장 높은 것은?

① [ ]
② ++
③ %
④ !

참고 파트04-챕터02-섹션03

30 HTML 문서의 입력 양식 필드에서 값이 바뀌었을 때 처리해 주는 자바스크립트의 이벤트 핸들러는?

① OnSelect()
② OnChange()
③ OnKeyPress()
④ OnClick()

참고 파트04-챕터02-섹션03

31 다음 중 CSS(Cascading Style Sheet)에 대한 설명으로 틀린 것은?

① HTML 문서 형태를 위한 언어로 HTML 문서의 서식을 미리 정의한다.

② 웹페이지와 클릭, 마우스의 이동, 동적 스타일 등 여러 동작에 대한 명령을 표준화한 것이다.

③ CSS를 사용하면 각기 다른 브라우저 환경에서 동일한 문서 형태를 제공할 수 있다.

④ CSS의 최신 규격은 CSS3이며 CSS3를 이용하여 HTML5 문서의 스타일을 작성할 수 있다.

참고 파트04-챕터02-섹션03

32 아래 보기의 코딩이 적용된 경우 나타나는 결과에 대해 바르게 설명한 것은?

```
@media (max-width: 600px) {
    .dropdown {
        min-width: 100%;
    }
}
```

① 모든 화면 크기에서 dropdow 요소의 너비를 600px로 설정한다.

② 화면 너비가 600px 이하일 때 dropdow 요소의 최소 너비를 100%로 설정한다.

③ 화면 너비가 600px 이하일 때 dropdow 요소의 너비를 600px로 설정한다.

④ 화면 너비가 600px 이상일 때 dropdow 요소의 최소 너비를 600px로 설정한다.

참고 파트04-챕터02-섹션01

33 웹페이지 작성 언어 중 그 특성이 다른 하나는?

① ASP
③ PHP
② JSP
④ JavaScript

참고 파트03-챕터03-섹션01

34 웹 브라우저(Web Browser)의 종류가 아닌 것은?

① 파이어폭스(Firefox)
② 크롬(Chrome)
③ 아파치(Apache)
④ 사파리(Safari)

참고 파트04-챕터02-섹션03

35 다음 중 웹 브라우저가 직접 처리하지 못하는 데이터를 처리하는 보조 프로그램으로서 미디어 데이터를 처리하고 재생해주는 프로그램을 의미하는 것은?

① 메뉴
② 책갈피
③ 플러그인
④ 다이어그램

참고 파트03-챕터03-섹션01

36 웹 검색에서 웹사이트의 방문 기록을 사용자 측의 컴퓨터에 남겨두었다가, 이후에 다시 방문할 경우 이전의 상태를 유지할 수 있도록 하는 것은?

① 아바타
② 쿠키
③ 포털
④ 허브

참고 파트03-챕터02-섹션05

37 웹 그래픽 제작 기법에서 이미지를 표현하는 단계 중 가장 마지막으로 이루어지는 것은?

① 이미지 구상 – 디자이너가 표현하고자 하는 이미지를 구상

② 도구 선택 – 원하는 이미지를 표현하기 위해 그래픽 관련 툴 선택

③ 색상 선택 – 색의 혼합, 색상, 명도, 채도를 조절하여 원하는 색상을 선택

④ 이미지 표현 – 선택한 툴의 기능을 이용해 이미지를 표현

참고 파트03-챕터03-섹션01

38 '웹 안전 색상'에 대한 설명으로 틀린 것은?

① 웹 브라우저에서 공통된 색상으로 256가지의 색상으로 이루어진다.

② 운영체제, 웹 브라우저에서 공통된 색상으로 이루어져있기 때문에 어떤 환경에서도 동일하게 나타난다.

③ 주로 사이트를 내비게이션하기 위한 단순한 그래픽이나 단색 배경을 만들 때 사용한다.

④ 웹 안전 색상은 고해상도의 이미지를 나타내기에는 적합하지 않다.

참고 파트04-챕터01-섹션01

39 다음 중 웹 컬러 디자인의 목적과 맞지 않는 것은?

① 정보전달의 목적

② 정보보안의 목적

③ 심미적인 목적

④ 상징적인 목적

참고 파트02-챕터01-섹션02

40 작도법으로서 타이포그래피나 편집 디자인에서 주로 사용하며 문자와 사진 또는 그림을 비례에 맞게 배열하는 등 디자인의 레이아웃에 규칙을 부여하는 것을 의미하는 것은?

① 프로그래밍(Programming)

② 그리드 시스템(Grid System)

③ 그래픽 사용자 인터페이스(GUI)

④ 마진(Margin)

참고 파트04-챕터02-섹션02

41 내비게이션에 관한 설명 중 가장 거리가 먼 것은?

① 콘텐츠의 구성과 형태를 체계화하고, 적절한 장소에 위치시키는 작업이다.

② 최대한 많은 메뉴와 링크를 만든다.

③ 일관성 있는 내비게이션을 만든다.

④ 링크가 끊어진 페이지가 없도록 한다.

참고 파트03-챕터02-섹션04

42 다음이 설명하는 것은 무엇인가?

> 일반적으로 홈페이지에서 로고는 상단에, 주소는 하단에 위치하게 된다. 사용자는 어떤 홈페이지에 접근했을 때 경험 상 로고는 상단에, 주소는 하단에 위치할 것이라고 생각하고 찾게 된다. 이러한 것을 고려하여 사용 패턴을 분석하고, 그 결과를 바탕으로 사용자 입장의 경험을 고려하여 디자인하는 것을 의미한다.

① UX(User eXperience) 디자인

② UI(User Interface) 디자인

③ 레이아웃(Layout) 디자인

④ 템플릿(Template) 디자인

참고 파트03-챕터02-섹션04

43 다음 중 피델리티(Fidelity)에 대한 설명으로 틀린 것은?

① 코드화된 프로토타입은 피델리티가 낮다.

② 프로토타입과 실제 최종 제품의 유사성을 의미한다.

③ 프로토타입의 피델리티가 높은 것을 하이파이(Hi-Fi)라고 한다.

④ 피델리티가 낮은 프로토타입은 제작 시간, 비용, 인력을 절약할 수 있다.

참고 파트04-챕터01-섹션02

44 UX 디자인에서 스토리보드를 작성하는 이점이 아닌 것은?

① 시각화 용이

② 팀원 간 커뮤니케이션 원활

③ 프로토타입 개선 가능

④ 프로젝트 흐름 파악

참고 파트03-챕터02-섹션04

45 디자인 씽킹(Design Thinking) 중 '공감하기' 단계에서 해당하지 않는 것은?

① 사용자 인터뷰　　② 관찰

③ 설문조사　　④ A/B 테스트

참고 파트03-챕터01-섹션03

46 '형판', '보기 판'이라는 뜻을 가진 단어로, 빈번히 사용될 것을 대비하여 만들어 놓는 것으로 홈페이지의 레이아웃의 형을 만드는 것을 의미하는 것은?

① 텍스트(Text)
② 템플릿(Template)
③ 컬러(Color)
④ 인터페이스(Interface)

참고 파트04-챕터01-섹션02

47 웹디자인 기획 시 고려해야 할 사항과 가장 거리가 먼 것은?

① 사이트의 목적과 필요성을 파악하였는가?
② 유사 사이트나 경쟁 사이트의 디자인 분석은 하였는가?
③ 웹 디자인 과정에 대한 문서들을 보관하고 데이터 백업은 완료하였는가?
④ 웹사이트의 통일성 확보를 위한 색상, 폰트, 레이아웃에 대한 원칙은 수립되었는가?

참고 파트04-챕터01-섹션02

48 웹디자인 프로세스에 대한 설명으로 잘못된 것은?

① 웹사이트 기획 단계에서 컬러시스템, 그리드시스템 및 레이아웃 계획이 이루어진다.
② 디자인 스타일링은 컨셉(Concept)에 맞추어 아이디어를 수집, 발전, 결정하는 것이다.
③ 디자인 개발 단계에서는 각 역할에 맞게 인력 배치가 이루어진다.
④ 디자인 조사 및 분석 단계에서는 방문자 분석, 피드백 및 사용성 테스트가 이루어진다.

참고 파트02-챕터01-섹션02

49 다음이 설명하는 컴퓨터 그래픽스 기술은 무엇인가?

- 두 가지의 다른 화면을 합성하기 위한 그래픽 기술이다.
- 전경 화면은 울트라마린 블루(Ultramarine Blue)나 녹색(Green) 배경에서 촬영한 후 필요한 전경 오브젝트 부분만 얻은 후, 배경이 되는 화면을 합성시킨다.

① 애니메이션
② 렌더링
③ 모델링
④ 크로마키

참고 파트03-챕터02-섹션05

50 3차원 그래픽 과정 중 텍스처 매핑(Texture Mapping)이 의미하는 것은?

① 실사와 애니메이션을 합성하는 기법이다.
② 가상의 3차원 공간 속에 재현될 수 있는 입체물을 만들어 가는 과정이다.
③ 3차원 물체의 표면에 세부적인 질감을 나타내기 위해 2차원의 이미지를 입히는 과정이다.
④ 광원, 카메라, 색상, 재질 등을 고려하여 실제 사물과 유사하게 표현하는 것이다.

참고 파트04-챕터01-섹션01

51 컴퓨터 그래픽의 장점으로 볼 수 없는 것은?

① 이미지 편집 변형이 쉽고, 재사용이 가능하다.
② 다양한 예술적 표현이 가능하다.
③ 실물 재현과 컬러, 명암, 재질감 표현이 가능하다.
④ 컴퓨터를 사용하여 모든 수작업을 대체할 수 있다.

참고 파트04-챕터01-섹션01

52 컴퓨터 그래픽스 시스템의 출력 장치에 대한 설명으로 옳지 않은 것은?

① 정보를 외부로 출력하는 것을 말한다.
② 화면 디스플레이도 출력장치에 속한다.
③ 대표적으로 스캐너, 플로터 등이 있다.
④ 빔프로젝션은 인쇄된 사진이나 영상을 확대 투영해 주는 출력 장치다.

참고 파트02-챕터01-섹션02

53 2개의 서로 다른 이미지나 3차원 모델 사이의 변화하는 과정을 서서히 나타내는 기법으로 제작방식은 처음 프레임과 마지막 프레임만 지정해 주고 나머지는 자동으로 생성하며, 현재 뮤직비디오나 영화에서 많이 사용되고 있는 애니메이션 종류는?

① 트위닝(Tweening)
② 로토스코핑(Rotoscoping)
③ 고라우드 쉐이딩(Gouraud Shading)
④ 모핑(Morphing)

참고 파트02-챕터01-섹션02

54 현실이나 상상 속에서 제안되거나 계획된 일련의 사건들의 개략적인 줄거리를 말하며 스토리보드를 작성하는데 토대가 되는 것은?

① 시나리오
② 플로우차트
③ 가상현실
④ 레이아웃 설정

참고 파트02-챕터02-섹션02

55 형성적 사용 적합성 평가에 대한 설명으로 틀린 것은?

① 웹사이트의 최종 제품의 성능을 평가한다.
② 반복적인 테스트와 수정 과정을 포함한다.
③ 사용자가 웹사이트를 이용하는 동안의 만족도를 측정한다.
④ 사용자가 웹사이트에서 작업을 수행하는 데 걸리는 시간을 측정한다.

참고 파트07-챕터01-섹션01

56 프로젝트 산출물에 대해 틀린 것은?

① 사용자가 프로젝트를 수행할 때 발생하는 비용을 측정한다.
② SWEBOK에서 산출물이란 지식 영역에서 수행되는 활동의 결과물이다.
③ 마르미-III는 4개의 공정과 30개의 활동을 포함하며, 각 단계에서 생성되는 산출물은 프로젝트 작업의 결과이다.
④ 프로젝트 산출물에는 소프트웨어나 문서, 시스템이 포함되며, 실질적으로 제공되는 것을 의미한다.

참고 파트07-챕터01-섹션02

57 프로젝트에서 유효하지 않은 자료를 제거하는 기준이 아닌 것은?

① 작업 중 생성된 임시 파일이나 캐시 파일
② 동일한 내용이 반복되는 중복된 파일이나 문서
③ 이미 해결된 문제에 대한 기록이나 사용하지 않는 테스트 결과
④ 프로젝트와 관련이 있는 사용자의 개인 데이터

참고 파트04-챕터02-섹션01

58 인덱스(Index)에 대한 내용으로 틀린 것은?

① 인덱스는 데이터베이스에서 데이터를 효율적으로 검색하고 접근할 수 있도록 돕는 데이터 구조이다.
② 특정 열(Column)에 대해 별도의 데이터 구조를 생성하여 데이터 검색 속도를 향상시킨다.
③ 모든 태스크(Task)에 인덱스를 생성하면 웹사이트 성능이 최적화된다.
④ 자주 업데이트되는 인덱스는 오버헤드를 발생시켜 성능이 저하될 수 있다.

참고 파트04-챕터01-섹션02

59 인공지능 시대의 웹 개발에서 개발자에게 점차 적게 요구되는 역량은?

① 창의적이고 복잡한 문제 해결
② 자동화 도구와 인공지능 모델을 효과적으로 활용하는 능력
③ 사용자 경험(UX) 개선을 위한 창의적인 디자인 능력
④ 반복적이고 규칙적인 코딩 작업 수행 능력

참고 파트04-챕터01-섹션02

60 프로젝트 최종 보고에 대한 설명으로 틀린 것은?

① 프로젝트 결과를 정리하고 체계적으로 문서화하는 단계이다.
② 프로젝트 목표 달성 여부를 평가하고 기록한다.
③ 프로젝트 수행 과정에서의 주요 성과를 분석한다.
④ 프로젝트 팀원의 개인적인 피드백과 개인 성과를 기록한다.

빠른 정답 확인 QR

스마트폰으로 QR을 찍으면 정답표가 오픈됩니다.
기출문제를 편리하게 채점할 수 있습니다.

시험 시간	풀이 시간	합격 점수	내 점수	문항수
60분	분	60점	점	총 60개

자동 채점 서비스

참고 파트03-챕터02-섹션02

01 디자인의 요소 중 '형'에 대한 설명으로 옳지 않은 것은?

① 한 개의 점은 공간의 위치를 가리킨다.
② 점이 확대되면 면으로 이동된다.
③ 점의 운동에 의해서 선이 만들어진다.
④ 이동하는 선의 자취가 입체를 이룬다.

참고 파트05-챕터01-섹션01

02 다음 중 색과 색채에 대한 설명으로 틀린 것은?

① 우리가 일상생활에서 보는 색을 색채라고 한다.
② 색채는 색을 지각한 후의 심리적인 현상이다.
③ 색은 눈의 망막이 빛의 자극을 받아 생기는 물리적인 지각 현상이다.
④ 색채는 무채색, 유채색, 중성색 3가지로 분류한다.

참고 파트03-챕터02-섹션02

03 한국산업표준(KS)에 따른 색의 3속성으로 옳은 것은?

① Cyan, Value, Chroma
② Hue, Black, Chroma
③ Hue, Value, Cloudy
④ Hue, Value, Chroma

참고 파트05-챕터01-섹션01

04 우리나라의 교육부에 고시된 기본 색명은 몇 색상환인가?

① 5색상환
② 10색상환
③ 15색상환
④ 20색상환

참고 파트03-챕터02-섹션02

05 선(Line)의 종류에 따른 의미로 틀린 것은?

① 사선 – 활력 있는 운동감, 불안정한 느낌에서 동적 원근감을 느낄 수 있다.
② 소용돌이선 – 빨려들 것 같은 혼돈을 느낄 수 있다.
③ 수평선 – 대범한 퍼짐과 화려함을 느낄 수 있다.
④ 수직선 – 상하공간으로의 방향성, 긴장, 엄숙, 경직을 느낄 수 있다.

참고 파트03-챕터02-섹션02

06 다음 두 개의 꽃 모양 중심에 있는 원의 실제 크기는 동일하다. 그런데 왼쪽의 원이 오른쪽보다 커 보이는 현상은?

① 주변과의 대비에 의한 착시 현상
② 원근에 의한 착시 현상
③ 폐쇄원리에 의한 착시 현상
④ 연속원리에 의한 착시 현상

참고 파트06-챕터01-섹션03

07 다음 중 명시성(가시성)이 가장 높은 색의 조합은?

① 백색 바탕에 빨간 글씨
② 백색 바탕에 검정 글씨
③ 노랑 바탕에 백색 글씨
④ 노랑 바탕에 검정 글씨

참고 파트06-챕터01-섹션04

08 다음 중 동화현상에 대한 설명으로 틀린 것은?

① 색들끼리 서로 영향을 주어서 인접색에 가까운 것으로 느껴지는 현상을 말한다.

② 색 자체가 명도나 채도가 높아서 시각적으로 빨리 눈에 띄는 성질을 말한다.

③ 동화현상에는 명도의 동화, 채도의 동화, 색상의 동화가 있다.

④ 동화현상은 눈의 양성적 또는 긍정적 잔상과의 관련으로서 설명된다.

참고 파트06-챕터01-섹션04

09 보색대비를 사용하려고 한다. (A)에 들어갈 알맞은 색은?

빨강	(A)

① 청록
② 남색
③ 보라
④ 연두

참고 파트05-챕터01-섹션01

10 해질 무렵 정원을 바라보면 어두워짐에 따라 꽃의 빨간색은 거무스레해지고, 그것에 비해 나뭇잎의 녹색은 점차 뚜렷해짐을 볼 수 있다. 이것과 관련된 현상을 무엇이라고 하는가?

① 지각 항상성
② 푸르킨예 현상
③ 착시 현상
④ 게슈탈트의 시지각 원리

참고 파트05-챕터01-섹션01

11 다음 중 먼셀 색입체에 대한 설명으로 틀린 것은?

① CIE의 색표와 연관성이 용이하다.

② 무채색 축 안쪽으로 갈수록 채도가 높은 색을 배열한다.

③ 색상(Hue), 명도(Value), 채도(Chroma)로 표시하여 색채나무라고도 한다.

④ 10색상환을 각기 4분할하여 40색상이 되게 하고 색상환은 20색을 쓰고 있다.

참고 파트03-챕터02-섹션02

12 같은 크기의 형을 상·하로 겹칠 때 위쪽의 것이 크게 보이는 착시 현상은?

① 각도와 방향의 착시
② 수직 수평의 착시
③ 바탕과 도형의 착시
④ 상방 거리 과대 착시

참고 파트05-챕터01-섹션01

13 다음 중 스펙트럼(Spectrum)에 대한 설명으로 틀린 것은?

① 빛을 파장 순으로 나눈 빛의 배열이다.

② 380~780nm 파장에 속하는 가시광선과 관련된다.

③ 프리즘을 통과한 빛에서 분산되어 나타난 분광색을 의미한다.

④ 빛의 굴절을 이용해 백색광을 연속된 색으로 분리한 것이다.

참고 파트05-챕터01-섹션02

14 색광에서 빨강(Red)와 녹색(Green)이 혼합된 색상으로 옳은 것은?

① 파랑
② 노랑
③ 자홍
④ 청록

참고 파트06-챕터01-섹션04

15 배색에 대한 설명으로 틀린 것은?

① 사물의 성능이나 기능에 부합되는 배색을 하여 주변과 어울릴 수 있도록 한다.
② 사용자 성별, 연령을 고려하여 편안한 느낌을 가질 수 있도록 한다.
③ 색의 이미지를 통해서 전달하려는 목적이나 기능을 기준으로 배색한다.
④ 목적에 관계없이 아름다움을 우선으로 하고 타제품에 비해 눈에 띄는 색으로 배색하여야 한다.

참고 파트06-챕터01-섹션04

16 다음 중 동일 색상의 배색이 아닌 것은?

① 정적인 질서를 느낄 수 있다.
② 차분한 느낌을 느낄 수 있다.
③ 통일된 감정을 느낄 수 있다.
④ 즐거운 느낌을 느낄 수 있다.

참고 파트05-챕터01-섹션02

17 순색에 흰색을 혼합하면 만들어지는 색의 결과는?

① 채도가 높아진다.
② 명도가 낮아진다.
③ 부드럽고 차분한 느낌을 준다.
④ 명도가 높아져 부드러운 색상이 된다.

참고 파트05-챕터01-섹션02

18 다음이 설명하고 있는 색의 혼합은?

> • 영과 헴름홀츠가 처음으로 발표한 학설이다.
> • 색광의 3원색이 RGB 혼합이다.
> • 혼합할수록 밝아지는 혼합이며, 플러스 혼합이라고도 한다.
> • 다른 색광을 혼합해서 다시 원색을 만들 수 없다.

① 감산혼합
② 가산혼합
③ 병치혼합
④ 중간혼합

참고 파트02-챕터01-섹션01

19 다음이 설명하고 있는 것은?

> • 점묘법과 같이 제한된 수의 색상들을 사용하여 다양한 색상을 시각적으로 섞어서 만드는 것이다.
> • 예를 들어 노란색과 빨간색을 섞어서 기술적으로 잘 배치하면 주황색과 같이 보이도록 할 수 있다.

① 하프톤(Halftone)
② 그라데이션(Gradation)
③ 패턴(Pattern)
④ 디더링(Dithering)

참고 파트05-챕터01-섹션01

20 1931년 국제조명위원회에서 만든 것으로, 가산혼합 원리를 바탕으로 물리적인 빛의 혼합을 기초로 하는 표색계는?

① CIE 표색계
② 오스트발트(Ostwald) 표색계
③ 맥스웰(Maxwell) RGB 표색계
④ 먼셀(Munsell) 표색계

참고 파트03-챕터02-섹션02

21 다음 설명과 같은 특성을 가지는 선(Line)은?

> 우아, 매력, 모호, 유연, 복잡함의 상징으로, 여성적인 섬세하고 동적인 표정을 나타낸다.

① 직선
② 절선
③ 점선
④ 곡선

참고 파트06-챕터01-섹션05

22 다음 중 색과 연상되는 맛이 잘못 연결된 것은?

① 갈색 – 쓴맛
② 노랑 – 신맛
③ 연두 – 신맛
④ 빨강 – 짠맛

참고 파트05-챕터01-섹션01

23 색과 색채에 대한 설명으로 옳은 것은?

① 색은 심리적 현상을 말한다.
② 색채는 물리적 현상을 말한다.
③ 색은 무채색을 포함하지 않는다.
④ 색채는 유채색을 말한다.

참고 파트06-챕터01-섹션05

24 색의 활용 효과에 대한 설명으로 틀린 것은?

① 밝은 바탕에 어두운 색 글자보다 어두운 바탕에 밝은 색 글자가 더 굵고 커 보인다.
② 같은 크기의 검정색 상자와 흰색 상자를 비교하면 흰색 상자가 더 가볍게 느껴진다.
③ 천장을 좀 더 높게 보이게 하려면 벽면과 동일계열의 고명도 색을 천장에 칠한다.
④ 상의를 하의보다 더 어두운 색상으로 하면 키가 더 커 보인다.

참고 파트03-챕터02-섹션02

25 생동감 있는 형태를 창조하여 시야가 형태와 구성 주변을 따라 움직이도록 하는 디자인 원리는?

① 대칭
② 비대칭
③ 통일
④ 비례

참고 파트03-챕터03-섹션02

26 HTML의 특징으로 틀린 것은?

① HTML은 Markup 언어이다.
② HTML 문서는 ASCII 코드로 구성된 일반적인 텍스트 파일이다.
③ HTML 문서는 사용자가 정의한 태그(tag)를 이용해 작성될 수 있다.
④ HTML은 컴퓨터 시스템이나 운영체제에 독립적이다.

참고 파트04-챕터02-섹션03

27 HTML 문서를 작성할 때 글자 사이를 공백으로 띄우기 위해 사용되는 것은?

① &lt
② &gt
③ &amp
④

참고 파트04-챕터02-섹션03

28 웹페이지에서 특정한 문장을 가장 큰 글씨로 화면에 출력하고자 할 때 사용되는 HTML 태그는?

① 〈H1〉
② 〈H3〉
③ 〈H5〉
④ 〈H6〉

참고 파트04-챕터02-섹션03

29 웹 문서에 mp3 사운드 파일을 삽입하여 재생되도록 하고자 할 때 사용되는 태그는?

① 〈IMG〉　　② 〈EMBED〉
③ 〈BK〉　　④ 〈MP3〉

참고 파트04-챕터02-섹션03

30 다음은 무엇에 관한 설명인가?

- HTML 문서 형태를 위한 언어로 HTMl 문서의 서식을 미리 정의한다.
- 텍스트 스타일, 콘텐츠 배치, 레이아웃 등에 대한 제반 속성을 지정한다.
- 각기 다른 브라우저 환경에서 동일한 문서 형태를 제공한다.

① CGI
② XML
③ ASP
④ CSS

참고 파트04-챕터02-섹션03

31 HTML 문서에 자바스크립트를 삽입하는 방법으로 틀린 것은?

① HTML 문서의 〈head〉나 〈body〉 태그 사이에 소스를 직접 입력한다.

② 자바스크립트 소스를 확장자 .js인 외부파일로 저장하여 불러온다.

③ 소스가 길어질 경우 함수로 이름을 지정해 호출 하여 사용한다.

④ HTML 문서의 태그 내에 애플릿과 함께 사용한다.

참고 파트04-챕터02-섹션03

32 다음이 설명하고 있는 것은?

- 기존 HTML의 단점을 개선하여 동적인 웹페이지를 만들 수 있도록 하기 위한 기술이다.
- 문서의 각 요소를 하나의 객체로서 위치와 스타일을 지정할 수 있고, 또한 사용자와의 상호작용을 첨가하 거나 움직임이 가능하다.
- 자바스크립트를 기반으로 한다.

① CGI
② JAVA
③ DHTML
④ CSS

참고 파트04-챕터02-섹션03

33 자바스크립트의 특징으로 틀린 것은?

① 객체지향 프로그램 언어로 내장 객체를 사용한 다.

② HTML 내에 삽입되어 홈페이지를 좀 더 동적이 고 다양하게 제작할 수 있도록 한다.

③ 대소문자를 구별하지 않는다.

④ 데이터형을 설정하지 않아도 된다.

참고 파트04-챕터02-섹션03

34 아래 스크립트를 분석한 내용으로 잘못된 것은?

```
〈A href="#"
    onMouseOver="window.document.bgColor
="yellow'"
  onMouseOut="window.document.bgColor='red'"
  onClick="window.document.bgColor='white'"〉
  안녕하세요
〈/A〉
```

① 마우스로 "안녕하세요"를 클릭하면 새로운 팝업 창이 열리고 문자색이 변한다.

② "안녕하세요"에 마우스 포인터가 닿으면 배경색 이 노란색으로 변한다.

③ "안녕하세요"에서 마우스 포인터가 떨어지면 배 경이 빨간색으로 변한다.

④ 마우스로 "안녕하세요"를 클릭하면 배경이 백색 으로 변한다.

참고 파트04-챕터02-섹션03

35 자바스크립트의 내장함수 중 [확인]이나 [취소]를 선 택하도록 하는 대화상자를 생성하는 함수는?

① String()
② parselnt()
③ confirm()
④ eval()

참고 파트03-챕터01-섹션01

36 콘텐츠가 서로 조화를 이루며 논리적으로 보일 수 있 도록 시각적으로 계층구조를 만드는 것을 무엇이라 하는가?

① 웹 타이포그라피 디자인
② 웹 컬러 디자인
③ 웹 레이아웃 디자인
④ 내비게이션 디자인

참고 파트03-챕터03-섹션01

37 다음 중 웹 브라우저의 주요 기능이 아닌 것은?

① 웹페이지 열기 및 저장
② 웹에서 정보들을 검색
③ HTML 문서의 소스파일 수정 및 편집
④ 자주 방문하는 URL를 저장하고 관리

참고 파트03-챕터03-섹션01

38 로그인 시 아이디 저장과 같이 웹 서버가 사용자에 관한 정보를 사용자 컴퓨터에 저장하도록 허용하는 것은?

① Session   ② Cookie
③ Mime   ④ URL

참고 파트02-챕터02-섹션01

39 동시 접속자 수가 많아서 서비스 요청에 응답할 수 없는 경우에 발생하는 웹 브라우저 오류 메시지는?

① HTTP 403 Forbidden
② HTTP 404 Not Found
③ HTTP 500 Internal Server Error
④ HTTP 503 Service Unavailable

참고 파트03-챕터02-섹션02

40 웹사이트를 디자인하기 위한 조건으로 옳지 않은 것은?

① 관리하기 쉽도록 관리자 중심으로 제작한다.
② 일관성 있는 레이아웃으로 배치한다.
③ 웹사이트의 주제를 쉽게 파악할 수 있도록 구성한다.
④ 내비게이션을 최적화한다.

참고 파트02-챕터01-섹션02

41 웹(Web)에서 타이포그래피를 적용 시 고려할 사항으로 틀린 것은?

① 가독성, 판독성을 고려하여 사용
② 동일한 페이지 내에서 다양한 서체 사용
③ 웹페이지의 여백과 문장의 정렬을 고려함
④ 웹사이트 내용과 컨셉(Concept)에 어울리는 서체를 사용

참고 파트03-챕터03-섹션03

42 웹 애니메이션 제작 시 시각적인 깜박임(Flicker) 현상을 줄이는 방법으로 가장 옳은 것은?

① 모니터의 크기를 최대한 큰 것을 사용한다.
② 초당 프레임 수를 최대한 높여서 제작한다.
③ 화려한 배색보다는 유사색을 이용하여 제작한다.
④ 고해상도의 원본 이미지를 사용한다.

참고 파트04-챕터02-섹션02

43 웹사이트를 구성할 때, 작업 중의 시행착오를 줄일 수 있도록 해주며, 웹사이트의 구체적인 작업 지침서 역할을 하는 것은?

① 사이안
② 레이아웃
③ 내비게이션
④ 스토리보드

참고 파트03-챕터02-섹션05

44 기업의 로고나 문자가 있는 마크 등을 제작할 경우 가장 적합한 소프트웨어는?

① 3D MAX
② Word Processor
③ Edit Plus
④ Illustrator

참고 파트02-챕터01-섹션01

45 이미지를 선분의 집합이 아니라 픽셀들의 배열 형태로 처리하는 방식은?

① 랜덤 그래픽스
② 벡터 그래픽스
③ 래스터 그래픽스
④ 픽셀 그래픽스

참고 파트02-챕터02-섹션01

46 참여자 모두에게 동일한 질문지를 배포하여 다수의 사람에게 동시에 진행할 수 있는 사용자 조사 방법은?

① 설문조사
② 관찰 연구
③ 포커스 그룹
④ 심층 인터뷰

참고 파트03-챕터02-섹션04

47 사용자들의 사용 패턴을 분석하고, 그 결과를 바탕으로 창의적으로 디자인하는 모든 과정을 뜻하는 것은 무엇인가?

① UX 디자인
② GUI
③ UI 디자인
④ 사용자 인터페이스

참고 파트03-챕터02-섹션04

48 페르소나 설정을 위한 기본 요소가 아닌 것은?

① 행동 패턴
② 심리적 특성
③ 인구 통계 정보
④ 개인 지식 정보

참고 파트02-챕터02-섹션01

49 UX 디자인에서 사용자 인터랙션 패턴을 분석하기 위한 것으로, 아이 트래킹(Eye Tracking) 기술을 활용하여 사용자가 웹페이지에서 어떤 부분을 주목하는지를 추적하거나, 마우스로 어떤 부분을 클릭하는지를 추적하여 이를 시각화하는 기법은?

① 히트맵
② 코호트 분석
③ 카드 정렬
④ 사용자 여정 분석

참고 파트02-챕터02-섹션01

50 다음 중 웹 로그 정보가 아닌 것은?

① 웹 서버 방문자의 IP 주소
② 방문 시간
③ 페이지뷰
④ 스마트 기기 정보

참고 파트04-챕터01-섹션02

51 다음 중 웹디자인 과정을 순서대로 올바르게 나열한 것은?

> ⓐ 그림, 동영상, 소리파일 제작
> ⓑ 목표 설정
> ⓒ 웹사이트에 업로드
> ⓓ 웹 에디터로 작성
> ⓔ 스토리보드 제작

① ⓑ - ⓐ - ⓓ - ln ⓔ - ⓒ
② ⓑ - ⓐ - ⓓ - ⓒ - ⓔ
③ ⓑ - ⓔ - ⓐ - ⓓ - ⓒ
④ ⓑ - ⓓ - ⓐ - ⓔ - ⓒ

참고 파트03-챕터02-섹션05

52 컴퓨터그래픽스의 렌더링에서 물체의 각 꼭지점(Vertex)에서 빛의 양을 계산한 후 그 값들을 보간하여 각 점에 색 값을 할당하는 쉐이딩 기법은?

① 모델링(Modeling)
② 플랫(Flat)
③ 고라우드(Gouraud)
④ 퐁(Phong)

참고 파트02-챕터01-섹션02

53 다음 설명하는 애니메이션 기법은?

> "사이에 있는 것(In Betweening)"이라는 뜻에서 유래한 용어로 각각의 프레임을 그리는 과정에서 중요한 장면만을 사람이 그려주면, 사이의 중간 모습들을 컴퓨터에서 만들어주는 기능을 말한다.

① 트위닝   ② 어니언 스키닝
③ 매핑   ④ 모델링

참고 파트02-챕터01-섹션01

54 다음이 설명하고 있는 그래픽 파일 포맷은?

> • 연합 사진 영상 전문가그룹에서 개발한 파일 포맷이다.
> • 24비트의 1,600만여 가지의 색상을 표현한다.
> • 주로 멀티미디어 분야 및 인터넷상에서 사진 등을 압축할 때 사용한다.

① GIF
② PNG
③ JPEG
④ BMP

참고 파트02-챕터01-섹션01

55 16만 7천 컬러 이상의 색상과 256단계의 알파채널을 사용하기 위해서는 최소 몇 bit가 필요한가?

① 8비트
② 16비트
③ 24비트
④ 32비트

참고 파트03-챕터02-섹션01

56 디자인을 통해 기업의 이미지를 높이기 위한 작업으로 기업의 새로운 이념 구축에 필요한 이미지와 커뮤니케이션 시스템을 의도적, 계획적으로 만들어내는 기업 이미지 통합 전략은?

① CIP
② POP
③ AIDMA
④ ISO

참고 파트03-챕터02-섹션04

57 UX 용어 중 사용자가 특정 요소를 보고 어떤 행동을 할 수 있을지 직관적으로 이해하게 해주는 단서를 뜻하는 것은?

① 피델리티
② 아이덴티티
③ 어포던스
④ 브레드크럼

참고 파트03-챕터02-섹션04

58 웹페이지 제작 시 제안서에 포함될 내용으로 가장 거리가 먼 것은?

① 프로젝트의 개요 및 목적
② 차별화 전략 및 제작 일정
③ 팀 구성 및 예산
④ 구조설계 및 내비게이션 디자인

참고 파트07-챕터01-섹션02

59 CBD SW개발 표준 산출물에 대한 설명으로 틀린 것은?

① 총 30개의 필수 산출물을 도출하였다.
② 객체지향 및 컴포넌트 기반 개발의 산출물 관리 체계이다.
③ 프로젝트의 각 단계에서 필요한 산출물을 명확히 제시한다.
④ 프로젝트 산출물을 '분석-설계-구현-시험' 단계별로 제시한다.

참고 파트07-챕터01-섹션01

60 웹디자인 프로젝트의 산출물 중 문서화된 산출물이 아닌 것은?

① 회의록
② 프로토타입
③ 프로젝트 계획서
④ 요구사항 정의서

빠른 정답 확인 QR
스마트폰으로 QR을 찍으면 정답표가 오픈됩니다.
기출문제를 편리하게 채점할 수 있습니다.

시험 시간	풀이 시간	합격 점수	내 점수	문항수
60분	분	60점	점	총 60개

자동 채점 서비스

참고 파트03-챕터02-섹션01

01 다음 중 디자인의 의미에 관한 설명으로 틀린 것은?

① 디자인이란 일반적으로 하나의 그림 또는 모형으로써 그것을 전개시키는 계획 및 설계라고 할 수 있다.
② 디자인 행위란 인간이 좀 더 사용하기 쉽고, 아름답고 쾌적한 생활환경을 창조하는 조형 행위를 말한다.
③ 프랑스어의 데생(Dessin)과 같은 어원으로, 르네상스 시대 이후 오랫동안 데생과 같이 가벼운 의미로 사용되었다.
④ 1940년대 당시 근대 사상에 입각하여 바우하우스에서 디자인 이념을 세우고 디자인(Design)이라는 용어를 처음 사용하였다.

참고 파트03-챕터02-섹션02

02 디자인의 기본 요소 중 형과 형태에 관한 설명으로 틀린 것은?

① 기본 형태에는 점, 선, 면, 입체가 있다.
② 형태는 일정한 크기, 색채, 질감을 가진다.
③ 형에는 현실적 형과 이념적 형이 있다.
④ 이념적 형은 그 자체만으로 조형이 될 수 있다.

참고 파트06-챕터01-섹션04

03 색의 대비 중 색상환에서 정반대에 위치한 두 색상이 인접해 있을 때 서로 영향을 받아 채도가 높고 선명해 보이는 현상은?

① 보색대비
② 한난대비
③ 동시대비
④ 색상대비

참고 파트05-챕터01-섹션01

04 다음 중 명도에 대한 설명으로 옳지 않은 것은?

① 명도의 밝기는 흑백사진에서 볼 수 있는 색상이 밝고 어두운 정도를 말한다.
② 색의 명도는 얼마나 많이 검은색이 혼합되었는가에 따라 변화가 생기는 것이다.
③ 명도만 존재하는 상태를 무색(Achromatic)이라 한다.
④ 유채색의 명도는 밝은 음영(Tint)과 어두운 음영(Shade)으로 나타낼 수 있다.

참고 파트05-챕터01-섹션02

05 다음 중 〈보기〉의 색상이 바르게 묶인 것은?

〈보기〉

RGB(255, 255, 0)	CMY(255, 255, 0)

① 파랑 – 흰색
② 초록 – 검정
③ 빨강 – 노랑
④ 노랑 – 파랑

참고 파트06-챕터01-섹션03

06 다음 중 색의 주목성에 관한 설명으로 틀린 것은?

① 명시성이 높은 색은 주목성도 높아지게 된다.
② 주목성은 색이 우리의 시선을 끄는 힘을 말한다.
③ 차가운 한색은 따뜻한 난색보다 주목성이 높다.
④ 명도와 채도가 높은 색은 주목성이 높다.

참고 파트03-챕터02-섹션02

07 무성한 회색 돌들 사이에 놓인 반짝이는 금속 조각과 관련 있는 조형의 원리는?

① 반복
② 강조
③ 점이
④ 율동

참고 파트06-챕터01-섹션04

08 난색에 대한 설명으로 옳은 것은 무엇인가?

① 주황색, 청자색은 수축과 후퇴를 나타낸다.
② 적색, 주황색은 팽창과 진출을 나타낸다.
③ 청록, 청자색은 수축과 후퇴를 나타낸다.
④ 청록, 주황색은 팽창과 진출을 나타낸다.

참고 파트02-챕터01-섹션01

09 비트맵 이미지에서 히스토그램(Histogram)에 대한 설명으로 적절한 것은?

① 이미지의 컬러 정보를 X, Y 좌표에 표시한 이미지 지도이다.
② 이미지의 명암 값 프로필(Profile)을 보여주기 위해 사용된다.
③ 색을 다른 색으로 변환하기 위해 사용된다.
④ 색상 값이 비슷한 영역을 한꺼번에 선택하는 것을 의미한다.

참고 파트05-챕터01-섹션01

10 빛에 대한 설명으로 옳지 않은 것은?

① 우리가 눈으로 인식할 수 있는 빛은 가시광선, 자외선, 적외선이 있다.
② 가시광선의 파장 범위는 380~780nm이다.
③ 빛의 색은 파장의 길이에 따라 결정된다.
④ 백색광은 여러 색의 빛이 섞인 것이다.

참고 파트06-챕터01-섹션04

11 다음 중 주위색의 영향으로 오히려 인접색에 가깝게 느껴지는 현상을 의미하는 것은?

① 대비현상
② 동화현상
③ 색의 수축성
④ 중량현상

참고 파트03-챕터02-섹션02

12 다음 그림이 나타내는 디자인 원리에 대한 설명으로 틀린 것은?

① 비중이 안정된 것이다.
② 균형 원리 중 하나로 자유로움을 느끼게 해준다.
③ 개성적이고 활동감을 표현할 수 있다.
④ 요소의 전체와 부분을 연관시켜 상대적으로 설명하는 것이다.

참고 파트03-챕터02-섹션02

13 다음은 무엇을 구하는 도형인가?

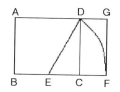

① 심메트리
② 황금분할
③ 루트구형
④ 아심메트리

참고 파트06-챕터01-섹션05

14 다음 중 식욕을 돋우는 색은?

① 검정
② 주황
③ 회색
④ 파랑

참고 파트06-챕터01-섹션03

15 색채 조화가 잘 되도록 배색을 하기 위한 방법으로 틀린 것은?

① 색상의 수를 될 수 있는 대로 줄인다.
② 고채도의 색을 이용하여 색채 효과를 높인다.
③ 색의 차갑고 따뜻한 느낌을 이용한다.
④ 환경의 밝고 어두움을 고려한다.

참고 파트06-챕터01-섹션04

16 다음 중 반대 색상의 배색에 대한 설명이 아닌 것은?

① 강조된 느낌
② 안정된 느낌
③ 선명한 느낌
④ 명쾌한 느낌

참고 파트06-챕터01-섹션04

17 검정 종이 위에 노랑과 파랑을 나열하여 일정한 거리에서 보았을 때 나타나는 현상에 관한 설명으로 옳은 것은?

① 노랑이 파랑보다 가깝게 보인다.
② 파랑이 노랑보다 가깝게 보인다.
③ 노랑은 후퇴색이라 한다.
④ 파랑을 진출색이라 한다.

참고 파트06-챕터01-섹션04

18 다음 중 동시대비와 가장 거리가 먼 것은?

① 색상대비
② 명도대비
③ 보색대비
④ 한난대비

참고 파트05-챕터01-섹션01

19 다음 중 일반색명에 대한 설명으로 옳은 것은?

① '어두운 파랑', '연보라'와 같이 명도, 채도에 대한 수식어를 붙여 표현
② '귤색, 밤색, 무지개색, 코발트 블루'와 같이 고유한 이름을 이용해 표현
③ 관습적이거나 연상적인 느낌으로 이름을 붙임
④ 인명, 지명, 원료, 자연, 식물 등에 따라 이름을 붙임

참고 파트05-챕터01-섹션01

20 먼셀 표색계에 관한 설명으로 틀린 것은?

① 먼셀의 색채체계는 색상, 명도, 채도의 3속성을 근거로 하여 작성되었다.
② 채도 단계는 무채색을 0으로 하고, 그 최고가 14단계이다.
③ 명도 단계는 검정색을 10으로 하고, 흰색을 0으로 하여 모두 11단계이다.
④ 색상은 5주요 색상인 빨강, 노랑, 녹색, 파랑, 보라이다.

참고 파트05-챕터01-섹션03

21 다음 중 오스트발트 표색계의 설명이 아닌 것은?

① W + B + C = 100%
② 색상을 Hue로, 명도를 Value로, 채도를 Chroma로 표시하고 있다.
③ 유채색은 색상기호, 백색량, 흑색량 순서로 표시한다.
④ 헤링의 4원색설을 기본으로 하였다.

참고 파트02-챕터01-섹션01

22 래스터 이미지(Raster Image)에 대한 설명으로 틀린 것은?

① 확대 시 이미지가 손상된다.
② 비트맵 이미지를 래스터 이미지라고 한다.
③ 일러스트레이터에서 주로 사용되는 이미지 형식이다.
④ 디지털 카메라로 찍은 이미지는 래스터 이미지이다.

참고 파트02-챕터01-섹션01

23 픽셀(pixel)에 대한 설명 중 잘못된 것은?

① Picture와 element의 합성어이다.
② 디지털 이미지의 최소 단위이다.
③ 이미지에서 한 픽셀의 위치 정보는 직교좌표계의 x, y 좌표값으로 표시한다.
④ 각 픽셀은 색심도(Color Depth)가 클수록 적은 색상을 표현하게 된다.

참고 파트02-챕터01-섹션01

24 벡터(Vector) 방식의 이미지를 비트맵(Bitmap) 방식의 이미지로 변환시키는 것을 나타내는 용어는?

① Vectorizing
② Rasterizing
③ Anti-Aliasing
④ Synchronizing

참고 파트03-챕터02-섹션02

25 다음과 같이 문자를 대신하여 의사소통이 가능한 그림 문자를 뜻하는 용어는?

① 캐릭터
② 픽토그램
③ 로고타입
④ 일러스트레이션

참고 파트02-챕터01-섹션01

26 컴퓨터의 그래픽 이미지의 보정 및 수정의 과정으로 거리가 먼 것은?

① 크로핑(Cropping)을 한다.
② 노이즈(Noise)를 삭제한다.
③ 컬러(Color)를 조절한다.
④ 윤곽선(Outline)을 흐리게 한다.

참고 파트02-챕터01-섹션02

27 타이포그래피에서 가독성을 향상하는 방식이 아닌 것은?

① 폰트(서체)
② 자간
③ 여백
④ 색상

참고 파트04-챕터02-섹션03

28 HTML 문서의 구조에 대한 설명이 올바르지 않은 것은?

① 태그라 불리는 코드들로 구성된다.
② 메모장과 같은 일반적인 에디터나 워드프로세서를 통하여 작성한다.
③ HTML을 이용하여 제작한 문서의 확장자는 *.htm 또는 *.http이다.
④ 〈HTML〉로 시작해서 〈/HTML〉로 종료한다.

참고 파트04-챕터02-섹션03

29 웹페이지 제작 시 배경 색상 설정이 흰색으로 지정되지 않는 것은?

① 〈BODY bgcolor="#ffffff"〉
② 〈BODY bgcolor="white"〉
③ 〈BODY bgcolor="ffffff"〉
④ 〈BODY bgcolor="#000000"〉

참고 파트04-챕터02-섹션03

30 웹페이지를 만들기 위해 사용되는 프로그램 중 클라이언트 측에서 수행되는 것은?

① ASP
② JSP
③ JavaScript
④ PHP

참고 파트04-챕터02-섹션03

31 자바스크립트에 대한 설명으로 옳지 않은 것은?

① HTML 문서에 포함되어 실행되는 스크립트 언어이다.
② 동적인 웹페이지를 작성할 수 있도록 해준다.
③ 모든 플랫폼에서 인터프리터에 의해 실행이 가능하다.
④ 컴파일 과정을 통하여 스크립트를 직접 실행하는 인터프리터 언어이다.

참고 파트04-챕터02-섹션03

32 자바스크립트의 내장함수에 해당되지 않는 것은?

① fun_define()
② eval()
③ parselnt()
④ escape()

참고 파트04-챕터02-섹션03

33 자바스크립트 변수의 정의에 대한 설명으로 틀린 것은?

① 대·소문자를 구분한다.
② 특수기호 사용이 가능하다.
③ 예약어는 변수로 사용할 수 없다.
④ 반드시 영문자나 언더바(_)로 시작한다.

참고 파트04-챕터02-섹션03

34 자바스크립트에서 사용자의 특정한 행동에 대해 어떤 처리를 해줄 것인가를 정의하는 것은?

① complier
② class object
③ event handler
④ event class

참고 파트04-챕터02-섹션03

35 다음 코드의 결과에 대해 잘못 설명한 것은?

```
<style>
    body {
        width: 100%;
        margin: 0;
        padding: 0;
        background-color: #ffffff;
    }
    p {
        background-color: #00ff00;
        text-align: right;
        float: left;
    }
</style>
```

① ⟨body⟩ 요소의 외부 여백이 제거된다.
② ⟨p⟩ 요소가 오른쪽으로 정렬된다.
③ ⟨p⟩ 요소의 배경색이 Green으로 설정된다.
④ ⟨body⟩ 요소의 너비가 웹 브라우저 창 너비와 동일하게 설정된다.

참고 파트04-챕터02-섹션03

36 다음 중 웹페이지 파일의 용량을 줄이기 위한 방법으로 옳지 않은 것은?

① 사용하지 않는 CSS와 JavaScript 파일이 있으면 삭제한다.
② 웹페이지 코딩을 검토하여 사용하지 않는 코드는 부분을 제거한다.
③ 웹페이지에 포함된 이미지가 있을 경우 이미지 최적화를 시도한다.
④ 큰 이미지가 있는 경우 드림위버를 사용하여 이미지 용량을 줄인다.

참고 파트02-챕터01-섹션01

37 웹 브라우저를 통하여 볼 수 있는 이미지 포맷이 아닌 것은?

① JPG   ③ PNG
② GIF   ④ PSD

참고 파트02-챕터02-섹션01

38 웹 서버의 일반적인 동작 과정으로 옳은 것은?

① 연결 설정 → 클라이언트가 정보 요청 → 서버의 응답 → 연결 종료

② 연결 설정 → 서버의 응답 → 클라이언트가 정보 요청 → 연결 종료

③ 클라이언트가 정보 요청 → 연결 설정 → 서버의 응답 → 연결 종료

④ 클라이언트가 정보 요청 → 서버의 응답 → 연결 설정 → 연결 종료

참고 파트04-챕터02-섹션03

39 웹페이지 제작 시 작업 환경에서 보이는 그대로 결과물을 도출해 내는 방식은?

① GUI

③ HCI

② MCP

④ WYSIWYG

참고 파트03-챕터02-섹션04

40 UI 그룹화의 이점으로 옳은 것은?

① 일관성

② 창의성

③ 복잡성

④ 명시성

참고 파트06-챕터01-섹션03

41 고정형 너비 레이아웃에 대한 특징으로 옳은 것은?

① 웹페이지 너비가 픽셀 단위로 고정되어 있다.

② CSS와 미디어 쿼리를 사용하여 구현한다.

③ 화면 크기에 따라 레이아웃이 유동적으로 변한다.

④ 모든 디바이스와 화면 크기에서 일관된 화면을 제공한다.

참고 파트03-챕터01-섹션01

42 웹 그래픽 작업 시 일관성 있는 레이아웃을 유지하는 방법으로 적절한 것은?

① 화면의 사이즈는 많은 사용자가 사용하는 디바이스 해상도를 기준으로 한다.

② 메뉴 바를 일관성 있게 고정하기 위해 반드시 프레임 구조로 작업한다.

③ 안전영역(Safe Zone) 안에는 중요한 메뉴가 위치하게 작업하면 안 된다.

④ 메뉴 바, 내비게이션 바는 페이지마다 다양하게 디자인하도록 한다.

참고 파트03-챕터02-섹션03

43 그리드 시스템(Grid System)의 주요 구성요소가 아닌 것은?

① 컨테이너(Container)

② 컬럼(Column)

③ 플렉스 박스(Flex Box)

④ 거터(Gutter)

참고 파트03-챕터02-섹션04

44 UX 허니콤 모델(UX Honeycomb Model)을 디자인 프로세스 전반에 적용하면 어떤 이점이 있는가?

① 개발 비용 절감

② 디자인 단순화

③ 개발 시간 단축

④ 사용자 중심의 경험 제공

참고 파트04-챕터01-섹션02

45 다음 중 웹사이트 개발 과정에 대한 설명으로 틀린 것은?

① 프로젝트 기획 – 목표 설정, 시장 조사, 개발 전략 수립

② 웹사이트 기획 – 사이트 콘셉트 정의, 자료수집 및 분석

③ 웹사이트 디자인 – 콘텐츠 제작 및 배치, 내비게이션 구축

④ 웹사이트 구축 – 테스트 및 디버깅

참고 파트04-챕터01-섹션02

46 웹사이트 제작에서 경쟁사의 웹사이트를 분석하는 이유로 틀린 것은?

① 해당 분야의 인터넷 시장을 파악한다.
② 경쟁 사이트들을 분석하여 자신의 사이트 경쟁력을 재고한다.
③ 인터넷 시장의 흐름을 이해한다.
④ 웹사이트 제작에 필요한 콘텐츠를 얻는다.

참고 파트03-챕터02-섹션04

47 디자인 씽킹(Design Thinking) 접근법 중 사용자 인터뷰, 관찰, 설문조사 등을 통해 사용자의 생각, 감정, 행동을 이해하는 단계는?

① 공감
② 정의
③ 아이디어 도출
④ 테스트

참고 파트04-챕터01-섹션02

48 웹디자인 프로세스 중 방문자 분석, 피드백 및 사용성 테스트가 이뤄지는 단계는?

① 사용자 요구 분석
② 벤치마킹
③ 정보디자인
④ 테스팅과 최종 런칭

참고 파트02-챕터02-섹션02

49 다음 중 형성적 사용 적합성 평가에 해당하지 않는 것은?

① 초기 디자인과 프로토타입에서 주로 수행한다.
② 사용자가 웹사이트를 사용할 때 발생하는 비용을 평가한다.
③ 다양한 사용자가 웹사이트에 접근하고 사용할 수 있는 정도를 측정한다.
④ 웹사이트가 다양한 장치와 화면 크기에서 얼마나 잘 작동하는지 평가한다.

참고 파트02-챕터01-섹션02

50 오려낸 그림을 2차원 평면상에서 한 프레임씩 움직이면서 촬영하는 스톱 애니메이션을 말한다. 클레이 애니메이션이나 인형 애니메이션과 비슷하지만 3차원이 아닌 2차원이라는 점에서 구분되는 애니메이션은?

① 셀 애니메이션
② 종이 애니메이션
③ 모래 애니메이션
④ 컷아웃 애니메이션

참고 파트03-챕터02-섹션05

51 다음 중 쉐이딩(Shading) 기법에 해당하지 않는 것은?

① 클리핑(Clipping)
② 고러드(Gouraud)
③ 플랫(Flat)
④ 퐁(Phong)

참고 파트03-챕터02-섹션05

52 다음이 설명하는 3차원 컴퓨터 그래픽의 모델링 방식은 무엇인가?

- 단순한 모양에서 시작해 복잡한 기하학적 형상을 구축하는 방식이다.
- 자연물, 지형, 해양 등의 표현하기 힘든 불규칙적인 성질을 나타낼 때 사용한다.

① CSG(Constructive Solid Geometry)
② 솔리드(Solid)
③ 프랙탈 모델(Fractal Model)
④ 와이어프레임(Wire-Frame)

참고 파트01-챕터02-섹션01

53 프로젝트 초기 단계에서 도출된 아이디어를 간단한 도형과 선으로 표현하는 것을 무엇이라고 하는가?

① 섬네일
② 스케치
③ 와이어프레임
④ 목업

참고 파트02-챕터02-섹션01

54 사용자 행동 분석 기법 중 사용자에게 두 가지 다른 버전을 제공한 후, 각 버전에 대한 사용자의 행동과 반응을 측정하는 것은?

① 사용자 여정 분석
② A/B 테스트
③ 웹 로그 분석
④ 설문조사

참고 파트07-챕터01-섹션01

55 프로젝트 관련 문서 중 프로젝트 발주기관이 기술 공급업체에게 제출을 요청하는 공식 문서로 프로젝트 요구사항, 범위, 제안서 작성 지침, 제출 방법, 평가 기준 등을 안내하는 것은?

① 기획서
② 보고서
③ 제안서
④ 제안요청서

참고 파트04-챕터02-섹션03

56 다음 중 웹페이지 저작에 관한 설명으로 옳지 않은 것은?

① 웹페이지 저작에서는 웹페이지 코딩(Coding)이 가장 중요하다.
② 웹페이지의 텍스트를 읽을 때 그래픽이 방해되지 않도록 제작한다.
③ 한 페이지에 너무 많은 것을 배치하지 않도록 한다.
④ 태그를 직접 지정하여 확장시키려면 XML 언어를 사용하여 작성하도록 한다.

참고 파트02-챕터02-섹션01

57 다음 중 설문조사 도구가 아닌 것은?

① SurveyMonkey
② Google Forms
③ Typeform
④ Figma

참고 파트07-챕터01-섹션02

58 프로젝트 최종 보고에 대한 설명으로 옳은 것은?

① 프로젝트 결과를 체계적으로 정리하여 문서화한다.
② 팀원 평가를 포함한 최종 보고서를 작성한다.
③ 지연된 모든 테스크를 분석한다.
④ 팀원별 역할을 재조정하고 배정한다.

참고 파트07-챕터01-섹션02

59 CBD SW 개발 프로젝트에서 표준 산출물에 해당하지 않는 것은?

① 요구사항 정의서
② 아키텍처 설계서
③ 컴포넌트 설계서
④ 인적 자원 관리 계획서

참고 파트04-챕터02-섹션03

60 웹 디자인 프로세스 중 Post-Production 단계에 해당하는 것은?

① 콘텐츠 디자인
② 디자인 계획 수립
③ 콘셉트 구상
④ 사이트 홍보

빠른 정답 확인 QR
스마트폰으로 QR을 찍으면 정답표가 오픈됩니다.
기출문제를 편리하게 채점할 수 있습니다.

참고 파트05-챕터01-섹션01

01 색광의 혼합에서 색을 혼합하면 할수록 높아지는 색의 속성은?

① 명도
② 채도
③ 색상
④ 점도

참고 파트05-챕터01-섹션01

02 빛의 파장에 따른 굴절 각도를 이용하여 프리즘에 의한 가시 스펙트럼 색을 얻을 수 있었는데, 이것은 빛이 단색이 아니라 여러 가지 색의 혼합색이라는 것을 말한다고 정의한 사람은?

① 헤링
② 헬름홀츠
③ 돈서스
④ 뉴턴

참고 파트06-챕터01-섹션04

03 검은 종이 위에 노랑과 파랑을 나열하고 일정한 거리에서 보면 노랑이 파랑보다 가깝게 보인다. 이때의 노랑색을 무엇이라 하는가?

① 후퇴색
② 팽창색
③ 진출색
④ 수축색

참고 파트05-챕터01-섹션03

04 다음 색 이름 중 관용색명이 아닌 것은?

① 금색
② 살색
③ 새빨강색
④ 에머랄드 그린

참고 파트06-챕터01-섹션05

05 주의를 의미하며 주의 표시, 돌출 부위 계단의 위험 요소를 나타내는 색으로 적당한 것은?

① 적색
② 황색
③ 녹색
④ 적자색

참고 파트05-챕터01-섹션03

06 다음 중 현색계에 대한 설명으로 틀린 것은?

① 이해하기 쉽고 사용하기 쉽다.
② 지각적으로 일정하게 배열되어 있어 지각적 등보성이 있다.
③ 먼셀 표색계, NCS, DIN, KS색명 등이 있다.
④ 색체계에서 심리적, 물리적 빛의 혼색 실험 결과에 기초를 두고 표시하는 것이다.

참고 파트02-챕터01-섹션01

07 웹에서 주로 사용되는 컬러 방식은?

① CMYK
② RGB
③ HSB
④ LAB

참고 파트03-챕터02-섹션01

08 디자인의 의미에 대한 설명으로 틀린 것은?

① 넓은 의미로 심적 계획이다.
② 좁은 의미로는 보다 사용하기 쉽고 안전하며, 아름답고, 쾌적한 생활환경을 창조하는 조형행위이다.
③ 사전적 의미로 라틴어의 'Designare'와 같이 '지시하다, 계획을 세우다, 스케치를 하다' 등의 의미로 사용된다.
④ 도안(圖案) 또는 의장(意匠)을 말하며, 주어진 목적에 관계없이 비실체적인 행위의 총체이다.

참고 파트03-챕터02-섹션01

09 디자인의 조건 중 합목적성에 대한 예시로 가장 올바른 것은?

① 화려한 집이 살기에 편리하다.
② 주로 장식이 많은 의자가 앉기에 편리하다.
③ 의자를 디자인할 때는 앉을 사람의 몸의 치수, 체중을 고려해야 한다.
④ 아름다운 구두가 신기에 편하다.

참고 파트03-챕터02-섹션02

10 다음 그림과 관계있는 디자인의 원리는?

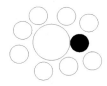

① 조화
② 통일
③ 율동
④ 강조

참고 파트06-챕터01-섹션04

11 다음 중 배색에 대한 설명으로 옳은 것은?

① 반대 채도의 배색은 부드러움을 느끼게 한다.
② 고명도이면서 유사 명도의 배색은 경쾌하고 맑음을 느끼게 한다.
③ 반대 명도인 무채색과 유채색의 배색은 불분명한 느낌을 들게 한다.
④ 중명도의 비슷한 색상의 배색은 또렷한 느낌이 들게 한다.

참고 파트05-챕터01-섹션02

12 빛이 눈의 망막 위에서 해석되는 과정에서 혼색효과를 가져다주는 가법혼색으로 점묘파 화가들이 많이 사용하였고, 디더링의 혼색원리이기도 한 혼합방법을 무엇이라고 하는가?

① 중간혼합
② 감색혼합
③ 병치혼합
④ 회전혼합

참고 파트02-챕터01-섹션01

13 Indexed Color Mode의 특징으로 옳은 것은?

① 최고 256컬러를 사용하여 이미지를 표현한다.
② 색상이 없어 256가지의 명암만으로 이미지를 표현한다.
③ 광원으로 이미지의 색상을 표현하며 최고 1,670만 색상으로 이미지를 표현한다.
④ 인쇄를 하기 위한 이미지를 표현할 때 가장 적합하다.

참고 파트06-챕터01-섹션05

14 빨간색이 선명하고 뚜렷해 보일 수 있도록 배경색을 선택하려고 한다. 어떤 색이 가장 빨간색을 잘 보이게 하는가?

① 주황
② 노랑
③ 회색
④ 자주

참고 파트03-챕터02-섹션02

15 다음 중 색의 중량감에 대한 설명으로 틀린 것은?

① 색의 감정 효과로 색에서 느껴지는 무겁거나 가벼운 느낌을 의미한다.
② 중량감에는 채도가 가장 크게 작용한다.
③ 고명도에 가까울수록 가볍게 느껴진다.
④ 검은색보다 초록색이 더 가볍게 느껴진다.

참고 파트03-챕터02-섹션02

16 다음 중 디자인에서 통일성이 나타나는 경우와 가장 거리가 먼 것은?

① 각 요소들을 같은 색상을 중심으로 배색한다.
② 각 요소들을 규칙을 가지고 반복시킨다.
③ 각 요소들을 근접시킨다.
④ 각 요소들을 분리시킨다.

참고 파트03-챕터02-섹션02

17 다음 도형에서 평행선이 기울어져 보이게 나타나는 착시 현상은 무엇인가?

① 길이의 착시
② 대비의 착시
③ 분할의 착시
④ 각도와 방향의 착시

참고 파트06-챕터01-섹션04

18 인접하는 두 색의 경계 부분에 색상, 명도, 채도의 대비가 더욱 강하게 일어나는 현상을 무엇이라고 하는가?

① 면적대비
② 보색대비
③ 연변대비
④ 한난대비

참고 파트05-챕터01-섹션01

19 먼셀 표색계의 채도에 대한 설명으로 가장 옳은 것은?

① 채도는 색의 밝고 어두운 정도를 말하며 검정을 0으로 하고 흰색으로 10으로 한다.
② 여러 유채색을 정원 모양으로 배열하여 표현한 것을 채도라 한다.
③ 채도는 1에서 14단계로 표기하며 채도가 높을수록 선명하다.
④ 5R4/12에서 5는 채도를 의미한다.

참고 파트03-챕터03-섹션01

20 웹사이트를 제작하기 위한 이미지 소스를 얻는 방법으로 적절하지 않은 것은?

① 사이트의 콘셉트에 맞추어 디지털 카메라로 사진을 찍는다.
② 포털 사이트에서 검색하여 나오는 이미지를 복사하여 활용한다.
③ 적절한 이미지가 없으면 이미지 판매 사이트에서 구입할 수 있다.
④ 이미지 편집 프로그램을 사용하여 직접 이미지를 제작한다.

참고 파트01-챕터01-섹션03

21 저작권에 대한 설명으로 옳은 것은?

① 저작인격권은 타인에게 양도가 가능하다.
② 공표하지 않은 저작물을 저작자가 도서관 등에 기증할 경우, 별도의 의사를 표시하지 않는다면 기증한 때에 공표에 동의한 것으로 간주한다.
③ 저작인격권은 저작자가 자신의 저작물에 대해 가지는 재산적 권리이다.
④ 저작재산권은 저작자가 생존하는 기간과 사망 후 50년 동안 보호받는다.

참고 파트03-챕터03-섹션01

22 웹페이지를 작성할 때 배경 이미지와 메뉴에 관한 설명으로 틀린 것은?

① 스타일시트를 이용하여 배경 이미지의 반복 횟수를 증가시킨다.
② 배경 이미지가 클 경우 용량 증가로 로딩이 늦어진다.
③ 메뉴는 메타포를 이용하여 디자인한다.
④ 배경의 색상을 분화시켜 사용하면 프레임이 사용된 것처럼 보인다.

참고 파트02-챕터01-섹션01

23 이미지 용량을 줄이는 방법으로 옳지 않은 것은?

① 디더링(Dithering) 사용
② GIF 사용
③ 이미지 팔레트 색상 줄이기
④ 이미지 해상도 낮추기

참고 파트03-챕터03-섹션01

24 다음 중 웹 브라우저의 주요 기능이 아닌 것은?

① 웹페이지 보안
② 웹페이지 저장 및 인쇄
③ 웹페이지의 소스 보기
④ 자주 방문하는 URL를 저장하고 관리

참고 파트02-챕터02-섹션01

25 제한된 동시 접속자 수를 넘게 되어 서버에서 정보를 제공할 수 없을 때 표시되는 웹 브라우저의 오류 메시지는?

① HTTP 403 Forbidden
② HTTP 404 Not Found
③ HTTP 500 Internal Server Error
④ HTTP 503 Service Unavailable

참고 파트03-챕터03-섹션01

26 HTML에서 페이지 내용에 제목(heading)을 표시할 때 사용하는 태그는?

① 〈title〉
② 〈h1〉
③ 〈header〉
④ 〈section〉

참고 파트04-챕터02-섹션03

27 다음 HTML 태그 중 성격이 다른 태그는?

① 〈OL〉 〈/OL〉
② 〈UL〉 〈/UL〉
③ 〈LI〉 〈/LI〉
④ 〈BR〉 〈/BR〉

참고 파트04-챕터02-섹션03

28 다음의 HTML 코드의 결과로 옳은 것은?

```
〈ul class="nav"〉
    〈li〉〈a href="#home"〉Home〈/a〉〈/li〉
    〈li〉〈a href="#about"〉About〈/a〉〈/li〉
    〈li〉〈a href="#services"〉Services〈/a〉〈/li〉
    〈li〉〈a href="#contact"〉Contact〈/a〉〈/li〉
〈/ul〉
```

① 수평으로 정렬된 박스 메뉴가 나타난다.
② 하이퍼링크가 있는 텍스트 목록이 수평으로 나타난다.
③ 하이퍼링크가 있는 텍스트 목록이 수직으로 나타난다.
④ 하이퍼링크가 없는 박스 메뉴가 수직으로 나타난다.

참고 파트04-챕터02-섹션03

29 아래로 길어진 문서에서 이용자의 편의를 위해 문서 중간에 밑줄 그어진 목차를 누르면 문서 상단으로 이동하는 HTML은?

① 〈a href="#top"〉문서 상단으로 이동〈/a〉
② 〈button onclick="location.href='#top'"〉문서 상단으로 이동〈/button〉
③ 〈span onclick="window.location='#top'"〉문서 상단으로 이동〈/span〉
④ 〈label for="top"〉문서 상단으로 이동〈/label〉

참고 파트03-챕터01-섹션01

30 웹사이트 이용자 등록(회원 가입) 화면을 입력 폼(Form)으로 구성하려고 할 때, 필요하지 않은 내용은?

① 성명
② 직업
③ 아이디
④ 비밀번호

참고 파트04-챕터02-섹션03

31 자바스크립트(JavaScript)에 대한 설명으로 틀린 것은?

① 소스 코드가 HTML 문서 내에 포함된다.
② 변수 타입 선언 없이 사용이 가능하다.
③ 반드시 플랫폼에 종속적으로 사용된다.
④ 객체지향적인 스크립트 언어이다.

참고 파트04-챕터02-섹션03

32 다음 자바스크립트 연산자 중 우선순위가 가장 높은 것은?

① +
② /
③ 〈
④ ()

참고 파트04-챕터02-섹션03

33 다음 중 자바스크립트에서 현재 활성화된 창을 닫는 명령어가 아닌 것은?

① opener.close()
② top.close()
③ window.close()
④ self.close()

참고 파트04-챕터02-섹션03

34 다음 중 자바스크립트에서 변수명으로 사용될 수 있는 것은?

① $act_7
② 1total1
③ 2_cond_id
④ _reg_number

참고 파트04-챕터02-섹션03

35 다음과 같은 자바스크립트 소스를 헤드(head) 태그 안에 삽입 시 브라우저에서 나타나게 되는 결과는?

```
〈script language="javascript"〉
    alert("Welcome");
〈/script〉
```

① 페이지가 열릴 때 Welcome라는 글자가 출력된다.
② 페이지가 열릴 때 Welcome라는 문구가 이메일로 보내진다.
③ 페이지가 열릴 때 Welcome라는 문구가 한자씩 브라우저에 새겨진다.
④ 페이지가 열릴 때 자동으로 Welcome라는 문구가 있는 메시지 창이 뜬다.

참고 파트04-챕터02-섹션03

36 다음 중 CSS(Cascading Style Sheet)에 대한 설명으로 틀린 것은?

① HTML 문서의 서식을 정의할 때 사용한다.
② 웹페이지와 클릭, 마우스의 효과나 이동 등 동작에 대한 명령을 표준화한 것이다.
③ CSS의 최신 규격은 CSS3이며 CSS3를 이용하여 HTML5 문서의 스타일을 작성할 수 있다.
④ 하나의 CSS 문서를 여러 HTML 문서에서 사용할 수 있으며 CSS를 수정하면 HTML 문서의 스타일을 한꺼번에 변경할 수 있다.

참고 파트04-챕터02-섹션03

37 상호작용을 지원하는 웹페이지 제작을 위한 CGI의 설명으로 틀린 것은?

① 웹 브라우저와 웹 서버, 응용프로그램 간의 일종의 인터페이스이다.
② 방명록이나 카운터, 게시판 등에 사용된다.
③ 사용자에게 일방적인 정보 제공을 하기 위해 사용된다.
④ HTML의 〈FORM〉 태그를 이용하여 CGI 프로그램으로 데이터를 전달한다.

참고 파트03-챕터01-섹션02

38 와이어프레임의 특징으로 옳은 것은?

① 와이어프레임은 최종 디자인과 똑같이 색상과 이미지를 포함한다.

② 와이어프레임은 페이지의 구조와 레이아웃을 간단한 선과 상자로 나타낸다.

③ 와이어프레임은 주로 애니메이션 효과를 보여주기 위해 사용된다.

④ 와이어프레임은 백엔드 코드와 데이터베이스 구조를 정의한다.

참고 파트04-챕터02-섹션03

39 웹페이지 레이아웃을 디자인할 때 고려해야 할 사항으로 적합하지 않은 것은?

① 단순하고 간결하며, 사용자가 쉽게 콘텐츠를 찾을 수 있도록 구성한다.

② 콘텐츠의 연결이 일관성 있고 논리적이어야 한다.

③ 세부 콘텐츠를 먼저 배치한 후에 중요한 콘텐츠를 배치한다.

④ 텍스트와 그래픽 요소를 적절히 조화시킨다.

참고 파트03-챕터01-섹션03

40 다음 중 유동형 레이아웃에 대한 설명은?

① 구현이 단순하다.

② 레이아웃은 픽셀(px) 단위로 설정된다.

③ 화면이 너무 넓거나 좁을 때에도 일관된 화면을 유지한다.

④ 브라우저 창, 화면 크기에 따라 상대적으로 유연하게 조정된다.

참고 파트02-챕터01-섹션02

41 웹 사용성(Web Usability)에 대한 원칙으로 거리가 먼 것은?

① 내용과 기능을 단순화

② 정보의 우선순위 고려

③ 일관성 있는 디자인 유지

④ 사용자를 위한 다양한 동영상 자동 재생

참고 파트01-챕터02-섹션02

42 콘셉트 시각화 단계에서 디자인 아이디어를 시각적으로 표현하여 디자인 방향을 명확히 전달하는 것으로 옳지 않은 것은?

① 그래픽과 이미지 요소를 사용하여 아이디어를 시각화한다.

② 와이어프레임을 작성하여 기본 레이아웃을 구상한다.

③ 컬러 팔레트를 결정한다.

④ 웹사이트 기능을 코딩한다.

참고 파트02-챕터02-섹션01

43 UX 디자인에서 특정 기간에 가입한 사용자 등 특정 시점에서 동일한 특성을 가진 사용자 그룹의 행동 패턴을 분석하는 기법은?

① 히트맵

② 카드 정렬

③ 코호트 분석

④ 사용자 여정지도

참고 파트04-챕터01-섹션02

44 웹디자인 과정에서 빈칸의 단계에 대한 설명으로 옳은 것은?

> 기획 – 설계 – ( ) – 출시 – 유지보수

① 웹사이트의 구조와 레이아웃을 설계한다.

② 웹사이트의 실제 기능을 구현하고 코딩한다.

③ 웹사이트를 사용자에게 공개하고 배포한다.

④ 사용자를 분석하여 사용자 요구를 파악한다.

참고 파트02-챕터02-섹션02

45 형성적 사용 적합성 평가에 대한 설명으로 옳지 않은 것은?

① 사용자 피드백을 통해 웹사이트의 디자인과 기능을 개선한다.
② 웹사이트의 응답성과 다양한 장치에서의 작동 여부를 평가한다.
③ 웹사이트의 접근성과 직관성을 식별한다.
④ 사용자가 웹사이트를 사용할 때 보안 의식을 평가한다.

참고 파트03-챕터03-섹션01

46 웹사이트 분석 요소가 아닌 것은?

① 사용자의 지적 수준
② 메뉴 구성
③ 디자인 구성
④ 사이트 제작 기술 수준

참고 파트02-챕터01-섹션01

47 비트맵 방식의 프로그램에서 꼭 알아야 할 사항이 아닌 것은?

① 원본 이미지를 확대, 축소하면 실제 이미지가 손상된다.
② 비트맵 이미지는 픽셀로 구성되어 있다.
③ 비트맵 이미지는 벡터 그래픽보다 파일 용량이 작다.
④ 비트맵 이미지는 해상도에 따라 품질이 변한다.

참고 파트02-챕터01-섹션01

48 다음 중 PNG 파일 포맷의 설명으로 틀린 것은?

① 압축 기법을 사용하지 않는 포맷으로 높은 이미지의 품질을 그대로 유지할 수 있다.
② GIF와 JPEG의 장점을 합친 포맷으로 무손실 압축을 사용한다.
③ 8비트의 256컬러나, 24비트의 트루컬러를 선택하여 저장할 수 있어 효율적이다.
④ 인터레이스 로딩기법과 디더링 옵션, 투명도를 지정할 수 있다.

참고 파트03-챕터02-섹션05

49 오브젝트 중 윈도우(디스플레이) 상에서 보이지 않는 부분을 제거하여 보이는 부분만 처리하는 과정을 무엇이라고 하는가?

① 플랫(Flat)
② 클리핑(Clipping)
③ 고러드(Gouraud)
④ 퐁(Phong)

참고 파트04-챕터01-섹션01

50 다음 중 컴퓨터 그래픽스의 특징이 아닌 것은?

① 색상을 마음대로 표현하거나 변경할 수 있다.
② 실제로 나타낼 수 없는 부분까지 표현이 가능하다.
③ 시간과 공간에 제약이 있다.
④ 디자인 의도대로 명도나 질감을 표현할 수 있다.

참고 파트02-챕터01-섹션01

51 다음에서 설명하는 컴퓨터 그래픽스의 색상 체계로 옳은 것은?

> • 국제조명협회가 국제표준으로 제안한 색상 체계이다.
> • RGB와 CMYK의 색상 차이를 조절하는 데 사용한다.

① RGB 컬러
② 비트맵
③ L*a*b* 컬러
④ 인덱스 컬러

참고 파트03-챕터03-섹션02

52 별도의 Plug-In 프로그램이 없어도 웹 브라우저에서 재생이 가능한 것은?

① MOV 파일
② PDF 문서
③ VRML 파일
④ XML 문서

참고 파트04-챕터02-섹션03

53 다음 중 웹페이지 제작에 따른 외부 스타일시트 확장자는?

① *.stc
② *.ssc
③ *.xls
④ *.css

참고 파트04-챕터02-섹션03

54 웹 그래픽 디자인은 웹 사용자에게 효과적으로 정보를 전달하는 도구이다. 다음 중 정보전달에 있어 웹 디자인의 핵심적인 역할이 아닌 것은?

① 정보접근의 편의성 제공
② 정보에 대한 빠른 이해력 증대
③ 시각적, 청각적인 친근감 확대
④ 개성적인 표현의 다양성

참고 파트04-챕터02-섹션03

55 웹은 상호작용을 전제로 형성되어 있다. 상호작용(Interaction)과 관련성이 적은 것은?

① 링크(Link)
② 텍스트(Text)
③ 마우스오버(Mouse Over)
④ 롤오버(Rollover)

참고 파트04-챕터02-섹션04

56 경향이나 흐름을 나타내는 말로서 디자인에서 유행 추세를 나타내는 것은?

① 트렌드
② 스타일
③ 브랜드
④ 트레이드

참고 파트07-챕터02-섹션01

57 프로젝트 최종 발표에 대한 설명으로 옳지 않은 것은?

① 발표 내용을 시각화하여 청중의 이해를 돕는다.
② 명확하고 직관적으로 내용을 전달한다.
③ 전문 용어를 최대한 많이 사용한다.
④ 발표 시간을 준수하여 진행한다.

참고 파트01-챕터01-섹션02

58 마르미-Ⅲ의 원칙과 절차를 웹사이트 개발에 적용하는 주된 이유와 관련이 적은 것은?

① 웹사이트를 모듈 단위로 분할하여 점진적으로 개발을 진행할 수 있다.
② 컴포넌트 기반 개발(CBD)을 중심으로 시스템을 개발하여 재사용성을 높일 수 있다.
③ 시스템 개발의 각 단계에서 피드백을 반영하여 개선할 수 있다.
④ 프로젝트의 예산, 비용 관리 등 프로젝트의 재정 계획을 세울 수 있다.

참고 파트01-챕터01-섹션02

59 작업분류체계(WBS)에 대한 설명으로 옳은 것은?

① 프로젝트의 재정 계획을 수립하는 방법
② 프로젝트 팀의 역량을 평가하는 방법
③ 프로젝트의 마케팅 전략을 수립하는 방법
④ 프로젝트를 세부 단위로 나누어 체계적으로 관리하는 방법

참고 파트01-챕터01-섹션02

60 다음 중 프로젝트 과정 중 제출하는 문서는?

① 제안서
② 제안요청서
③ 프로젝트 계획서
④ 최종 보고서

빠른 정답 확인 QR

스마트폰으로 QR을 찍으면 정답표가 오픈됩니다.
기출문제를 편리하게 채점할 수 있습니다.

시험 시간	풀이 시간	합격 점수	내 점수	문항수
60분	분	60점	점	총 60개

자동 채점 서비스

참고 파트05-챕터01-섹션01

01 색 지각의 3요소로 옳게 구성된 것은?

① 광원, 물체, 시각
② 광원, 색채, 시각
③ 광원, 색감, 시각
④ 광원, 촉각, 시각

참고 파트06-챕터01-섹션04

02 색의 3속성 중 사람의 눈이 가장 예민하고 강하게 반응하는 대비는?

① 명도대비
② 색상대비
③ 보색대비
④ 채도대비

참고 파트03-챕터02-섹션02

03 색의 주목성에 대한 설명으로 옳지 않은 것은?

① 빨강은 초록보다 주목성이 높다.
② 채도 차이가 클수록 주목성이 높다.
③ 명시도가 높으면 색의 주목성이 높다.
④ 명도와 채도가 낮은 색이 주목성이 높다.

참고 파트03-챕터02-섹션02

04 디자인의 원리 중 비례에 대한 설명이 잘못된 것은?

① 균형을 가장 많이 고려하여 구성해야 한다.
② 부분과 부분, 부분과 전체에 균형이 잡혀있음을 말한다.
③ 조형을 구성하는 모든 단위의 크기를 결정한다.
④ 객관적 질서와 과학적 근거를 명확하게 드러내는 구성 형식이다.

참고 파트03-챕터02-섹션02

05 다음 그림을 설명한 것 중 옳은 것은?

① 반사 운용
② 회전 운용
③ 팽창 이동 패턴
④ 조화 패턴

참고 파트06-챕터01-섹션04

06 색의 감정에서 저채도의 배색이 주는 느낌은?

① 부드러운 느낌
② 명쾌한 느낌
③ 화려한 느낌
④ 활기찬 느낌

참고 파트03-챕터02-섹션01

07 디자인의 조건 중 실용성과 요구되는 기능이 모두 갖추어져 있는지를 의미하는 것은?

① 합목적성
② 독창성
③ 심미성
④ 경제성

참고 파트03-챕터02-섹션02

08 디자인의 요소에 관한 정의가 틀린 것은?

① 점 - 위치만 있고 크기는 없다.
② 선 - 면의 교차에 의해 생성된다.
③ 면 - 선의 이동으로 생성된다.
④ 입체 - 면의 한계에서 생성된다.

참고 파트03-챕터02-섹션02

09 다음 그림 (가)는 수평의 요소, 그림 (나)는 수직의 요소가 느껴진다. 이러한 느낌은 심리지각 중 어느 것에 해당되는가?

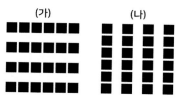

(가)   (나)

① 접근성
② 유사성
③ 폐쇄성
④ 단순화

참고 파트05-챕터01-섹션01

10 먼셀의 색체계에서 색상의 기본색을 10가지로 나누었을 때 포함되지 않는 색은?

① PR
② P
③ YR
④ GY

참고 파트05-챕터01-섹션02

11 다음 색광혼합의 2차 혼합색으로 (A)에 알맞은 색상은?

① 흰색(White)
② 사이안(Cyan)
③ 노랑(Yellow)
④ 마젠타(Matenta)

참고 파트03-챕터02-섹션02

12 다음과 같이 문자를 대신하여 의사소통이 가능한 그림 문자를 뜻하는 용어는?

① 캐릭터
② 픽토그램
③ 로고타입
④ 다이어그램

참고 파트05-챕터01-섹션01

13 가시광선에 대한 설명으로 틀린 것은?

① 빛의 파장 중 380~780mm 사이의 범위로 눈으로 지각되는 영역을 말한다.
② 백색광이 프리즘을 통해 나타나는 색띠를 말한다.
③ 라디오나 텔레비전, 휴대폰의 파장 범위를 포함한다.
④ 전자기파 스펙트럼에 포함된다.

참고 파트03-챕터02-섹션02

14 1, 2, 4, 8, 16…과 같이 이웃하는 두 항의 비가 일정한 수열은?

① 등차수열
② 등비수열
③ 피보나치수열
④ 조화수열

참고 파트06-챕터01-섹션03

15 자연에서 쉽게 찾을 수 있고, 온화함이 있지만 때로는 단조로움을 주는 디자인 원리는?

① 유사 조화
② 균일 조화
③ 방사 조화
④ 대비 조화

참고 파트03-챕터02-섹션02

16 무성한 초록 나뭇잎들 사이에 핀 빨간 꽃과 관련 있는 조형의 원리는?

① 비례
② 율동
③ 점이
④ 강조

참고 파트03-챕터02-섹션02

17 서로 다른 부분의 조합에 의해 균형감을 잃지 않은 상태로 대립에 의한 극적효과와 긴장감을 줄 수 있는 디자인 원리는?

① 대비
② 변칙
③ 통일
④ 반복

참고 파트03-챕터02-섹션02

18 도로의 가로등 및 난간, 고층 빌딩의 창문 크기 등을 원근법을 적용하여 표현하고자 할 때, 표현 요소들 사이에 일정한 단계의 변화가 나타나도록 하는 디자인 원리는?

① 점증
② 조화
③ 대칭
④ 균형

참고 파트05-챕터01-섹션03

19 다음 중 (A), (B)에 순서대로 들어갈 알맞은 용어는?

> 색체계에는 심리적, 물리적인 빛의 혼색 실험 결과에 기초를 두고 표시하는 (A)와 물체의 색을 표시하는 (B)가 있다.

① 심리계, 지각계
② 혼색계, 현색계
③ 현색계, 혼색계
④ 물리계, 지각계

참고 파트05-챕터02-섹션02

20 감법혼합에 대한 설명 중 틀린 것은?

① 검정을 쓰지 않고도 무채색을 만들 수 있다.
② 순색에 흰색을 섞으면 명도는 높아지고 채도는 낮아진다.
③ 순색에 회색을 섞으면 명도는 변하지만 채도는 변화가 없다.
④ 순색에 검정을 섞으면 명도와 채도가 낮아진다.

참고 파트06-챕터01-섹션05

21 다음 중 보기에 나타난 특징과 관련된 색은?

> • 색깔이 또렷하고 잘 보인다.
> • 쓸쓸하고 차가운 느낌을 가진다.
> • 냉철하고 이성적인 느낌을 주며, 안정감을 제공한다.

① 파란색
② 검정색
③ 빨간색
④ 노란색

참고 파트02-챕터01-섹션02

22 타이포그래피의 구성요소에 해당하지 않는 것은?

① Serif
② Line-spacing
③ Letter-spacing
④ Texturing

참고 파트02-챕터01-섹션01

23 다음 중 안티 앨리어싱(Anti-aliasing)에 대한 설명으로 맞는 것은?

① 저해상도의 곡선이나 사선을 표현할 때 생기는 계단현상을 완화하기 위해 사용되는 기법이다.
② 물체 또는 이미지의 경계가 매끈하지 않고 계단현상으로 표현된 픽셀효과이다.
③ 가로, 세로의 격자로 이미지의 정확한 이동, 수정, 편집 등에 주로 사용된다.
④ 영상이나 이미지가 점차적으로 변화하는 것을 말한다.

참고 파트02-챕터01-섹션01

24 다음 중 그래픽 표현 방식에서 벡터 방식에 대한 설명이 아닌 것은?

① 베지어(Bezier)라는 곡선으로 이루어져 있다.
② 비트맵 이미지에 비해 상대적으로 파일 용량이 크다.
③ 이미지를 확대/축소하여도 그림이 거칠어지지 않는다.
④ 미세한 그림이나 점진적인 색의 변이를 표현하기 어렵다.

참고 파트02-챕터01-섹션01

25 해상도(Resolution)에 대한 설명으로 맞는 것은?

① 이미지를 표현하는데 몇 개의 픽셀(pixel) 또는 도트(dot)로 나타내었는지 그 정도를 의미한다.
② 작은 화소 단위를 말한다.
③ 해상도가 높을수록 이미지의 질은 떨어진다.
④ 해상도는 bps로만 나타낸다.

참고 파트02-챕터01-섹션01

26 다음 글이 설명하고 있는 것은?

> • 점묘와 같이 제한된 수의 색상들을 사용하여 시각적으로 섞어서 만들어내는 것이다.
> • 인접한 픽셀의 색상을 조절하여 원래의 색상을 시각적으로 재현한다.

① 모핑
② 디더링
③ 커스텀 팔레트
④ 팔레트 플래싱

참고 파트02-챕터01-섹션01

27 이미지를 구성하는 최소 단위는?

① 원자
② 분자
③ 픽셀
④ 해상도

참고 파트02-챕터01-섹션02

28 컴퓨터 애니메이션에 대한 설명으로 틀린 것은?

① 움직임이 없는 무생물이나 상상의 물체에 인위적인 조작을 가해 움직임을 주는 것을 말한다.
② 애니메이션은 라틴어의 아니마투스(Animatus, 생명을 불어 넣다)에서 유래된 말이다.
③ 인쇄용 광고 디자인 결과물을 만들어낸다.
④ 일련의 정지된 그림을 빠르게 연속시켜서 보여줌으로써 움직이는 것처럼 착각을 유도한다.

참고 파트02-챕터01-섹션02

29 애니메이션에서 사용되는 정지화면 하나하나를 무엇이라 하는가?

① Frame
② Key Frame
③ Tweening
④ Onion Skin

참고 파트02-챕터01-섹션01

30 웹페이지 저작 시 흰색을 설정하는 방법이 아닌 것은?

① body {background-color: #ffffff;}
② body {background-color: white;}
③ body {background-color: rgb(0, 0, 0);}
④ body {background-color: rgb(255, 255, 255);}

참고 파트04-챕터02-섹션03

31 HTML의 태그 중 문서의 속성 범위를 지정하는 것으로 태그 안에 정의한 내용이 브라우저 화면에 직접적으로 보이지 않는 것은?

① ⟨P⟩⟨/P⟩
② ⟨BODY⟩⟨/BODY⟩
③ ⟨META⟩⟨/META⟩
④ ⟨TITLE⟩⟨/TITLE⟩

참고 파트04-챕터02-섹션03

32 HTML에서 사용되는 글자 모양에 관련된 태그에 관한 설명으로 옳지 않은 것은?

① 〈B〉 …〈/B〉 태그는 강조된 글자 모양으로 표시하기 위한 태그이다.

② 〈CITE〉 …〈/CITE〉 태그는 인용문을 표시하는 데 사용하는 태그이다.

③ 〈SUB〉 …〈/SUB〉 태그는 위 첨자 모양의 글자로 표시할 때 사용하는 태그이다.

④ 〈CODE〉 …〈/CODE〉 태그는 프로그램 코드 글자 모양으로 표시할 때 사용하는 태그이다.

참고 파트04-챕터02-섹션03

33 웹페이지의 외형을 제어하기 위한 언어인 스타일시트(Style Sheet)에 대한 설명 중 적합하지 않은 것은?

① 하나의 문서만 수정해도 한꺼번에 여러 페이지의 외형과 형식을 수정할 수 있다.

② 스타일시트에서 글꼴, 색상, 크기, 정렬 방식 등을 미리 지정하여 필요한 곳에 적용할 수 있다.

③ 같은 스타일시트를 사용하는 문서에는 문서들의 일관성을 쉽게 유지할 수 있다.

④ 웹페이지의 레이아웃 편집을 강화하여 브라우저나 플랫폼의 종류에 많은 제한이 따른다.

참고 파트04-챕터02-섹션03

34 다음 중 스타일시트와 〈BODY〉 태그 속성과의 연결이 틀린 것은?

① A:link{color:#ff0000;} – 〈body link="#ff0000"〉

② A:active{color:#ff0000;} – 〈body alink="#ff0000"〉

③ A:hover{color:#ff0000;} – 〈body hlink="#ff0000"〉

④ A:visited{color:#ff0000;} – 〈body vink="#ff0000"〉

참고 파트04-챕터02-섹션03

35 〈BODY〉 태그에서 사용할 수 있는 속성과 그 의미의 연결이 올바르지 않은 것은?

① BGCOLOR – 배경색을 지정한다.

② BG – 배경으로 사용될 이미지 파일을 지정한다.

③ TEXT – 일반 글자색을 지정한다.

④ LINK – 링크로 설정한 글자색을 지정한다.

참고 파트04-챕터02-섹션03

36 자바스크립트의 변수에 대한 설명으로 옳지 않은 것은?

① 변수를 선언하지 않고 사용하는 경우에는 전역변수가 된다.

② 지역변수는 반드시 함수 내에서만 선언되어야 한다.

③ 지역변수 선언은 Dim 키워드를 사용하여 선언한다.

④ 지역변수는 선언된 중괄호{ } 안에서만 사용할 수 있다.

참고 파트04-챕터02-섹션03

37 다음 중 자바스크립트 언어의 기본적인 특성으로 틀린 것은?

① 데이터 형을 구분하여 설정하지 않아도 된다.

② 변수명에 공백 문자를 사용할 수 있다.

③ 하나의 명령문이 끝나면, 세미콜론(;)을 기술한다.

④ 변수 이름은 반드시 영문자 또는 밑줄(_)로 시작해야 한다.

참고 파트04-챕터02-섹션03

38 자바스크립트에서 일정한 시간마다 브라우저 상태를 파악하거나 동작을 수행하는 데 사용되는 함수는?

① window.setInterval()

② window.setTimer()

③ window.timer()

④ window.setTime()

참고 파트04-챕터02-섹션03

39 자바스크립트로 배경색을 초록색으로 지정하려면 다음 중 어떤 문장이 적합한가?

① window.bgColor = "green";
② window.background = "green";
③ document.bgColor = "green";
④ document.background = "green";

참고 파트03-챕터02-섹션04

40 사용자가 그래픽을 통해 컴퓨터와 정보를 교환하는 작업 환경을 의미하는 것은?

① AVI(Audio Video Interface)
② PUI(Process User Interface)
③ GUI(Graphic User Interface)
④ MUI(Multi User Interface)

참고 파트01-챕터01-섹션02

41 일반적으로 웹 서버가 동작하는 과정을 순서대로 옳게 나열한 것은?

① 연결 설정 → 클라이언트가 정보 요청 → 서버의 응답 → 연결 종료
② 연결 설정 → 서버의 응답 → 클라이언트가 정보 요청 → 연결 종료
③ 클라이언트가 정보 요청 → 연결 설정 → 서버의 응답 → 연결 종료
④ 클라이언트가 정보 요청 → 서버의 응답 → 연결 설정 → 연결 종료

참고 파트03-챕터03-섹션01

42 웹사이트에 삽입할 콘텐츠를 구성한 후, 웹이라고 하는 하이퍼링크 구조 안에서 어떻게 조직화할 것인가를 결정하는 것을 무엇이라 하는가?

① 컨셉트 개발
② 콘텐츠 기획
③ 구조 설계
④ 인터페이스 디자인

참고 파트01-챕터01-섹션01

43 웹사이트 제작 단계 중 사이트의 목적과 사용자 분석에 따라 사이트의 디자인 방향을 설정하는 단계는?

① 스케줄 작성
② 콘셉트 도출
③ 스타일링
④ 평가

참고 파트04-챕터01-섹션02

44 웹디자인 프로세스 중 경쟁사 분석에 해당하지 않는 것은?

① 제공하는 콘텐츠 종류 및 콘텐츠 품질 분석
② 콘텐츠 업데이트 빈도와 전달 방식 분석
③ 경쟁사의 재무 상태표 및 손익 계산서 분석
④ 경쟁사의 SEO 전략 및 검색엔진 순위 분석

참고 파트03-챕터02-섹션04

45 디자인 씽킹(Design Thinking) 접근법 중 아이디어를 시각적으로 표현하고 실제로 테스트할 수 있는 단계는?

① 공감(Empathize)
② 테스트(Test)
③ 프로토타입(Prototype)
④ 아이디어 도출(Ideate)

참고 파트01-챕터02-섹션01

46 웹페이지의 속도 향상을 위한 이미지 관리로 맞는 것은?

① 이미지 크기를 최대화한다.
② 썸네일(Thumbnail)을 활용한다.
③ 캐시 메모리를 이용하지 않는다.
④ 여러 가지의 배경 이미지를 사용한다.

참고 파트01-챕터01-섹션03

47 다음 중 동일성 유지권을 침해한 것이 아닌 것은?

① 건물의 증축
② 영화 포스터 합성 편집
③ 타사 웹사이트 로고 변형
④ 소프트웨어 프로그램 코드 변경

참고 파트04-챕터02-섹션02

48 웹페이지 제작 시 사용되는 내비게이션(Navigation Structure) 구조의 유형에 해당하지 않는 것은?

① Sequential Structure
② Hierarchical Structure
③ Grid Structure
④ Protocol Structure

참고 파트02-챕터01-섹션01

49 다음 중 로고(Logo)나 심벌(Symbol) 제작에 가장 적합한 프로그램은?

① Flash
② 3D MAX
③ Dream Weaver
④ Illustrator

참고 파트02-챕터01-섹션01

50 비트맵 이미지 파일 포맷 중 투명도를 조절할 수 있는 것은?

① PDF
② PNG
③ PSD
④ PPT

참고 파트02-챕터01-섹션01

51 고해상도의 원본 이미지의 포맷을 변경해서 저장하였을 경우 다음 중 파일 용량이 가장 큰 것은?

① PNG
② BMP
③ JPG
④ GIF

참고 파트02-챕터01-섹션04

52 웹사이트 제작에서 사용자 인터페이스 설계 시 고려할 사항으로 틀린 것은?

① 최단 시간에 사이트를 방문한 목적을 이해할 수 있도록 인터페이스를 설계한다.
② 웹페이지에서 다른 곳으로 이동할 수 있는 링크를 한 곳으로만 지정될 수 있도록 설계한다.
③ 화면을 스크롤 했을 때 링크 버튼이 보이지 않는 일이 없도록 설계한다.
④ 누가 보더라도 쉽게 사용법을 알 수 있도록 사용자 편의성을 제공하도록 설계한다.

참고 파트01-챕터02-섹션02

53 다음 중 콘셉트 시각화의 장점이 아닌 것은?

① 정보를 쉽게 전달할 수 있다.
② 이미지와 다이어그램을 사용하여 이해하기가 쉬워진다.
③ 빠른 정보 검색이 가능해진다.
④ 의사결정을 하는데 시간을 절약할 수 있다.

참고 파트03-챕터02-섹션04

54 터치스크린 UI를 사용하는 디바이스에서 사용자가 손가락으로 특정 동작을 통해 기기와 상호작용하는 방식 의미하는 것은?

① 타임라인
② 페인포인트
③ 제스처
④ 터치포인트

참고 파트03-챕터02-섹션04

55 인터랙션 설계(Interaction Design)에 대해 바르게 설명한 것은?

① 사용자가 혼란 없이 시스템과 원활하게 상호작용할 수 있도록 돕는다.
② 시스템의 그래픽 요소를 최대한 심미적으로 만든다.
③ 시스템의 소프트웨어 성능을 최적화한다.
④ 사용자가 시스템을 최대한 빠르게 종료할 수 있도록 돕는다.

참고 파트03-챕터02-섹션04

56 사용자 경험(UX)을 고려할 때, 웹사이트의 첫 페이지에서 가장 중요한 요소는?

① 고해상도의 이미지와 그래픽
② 빠른 로딩 시간
③ 많은 텍스트와 설명
④ 정보의 다양성을 위한 여러 팝업창

참고 파트03-챕터02-섹션04

57 프로토타입 테스트의 주요 목적으로 옳은 것은?

① 프로젝트의 예산을 확인하기 위해
② 소프트웨어의 최종 버전을 배포하기 위해
③ 사용자 피드백을 받아 제품의 개선점을 찾기 위해
④ 개발 팀의 작업 일정을 계획하기 위해

참고 파트04-챕터02-섹션02

58 웹사이트의 가상경로를 예상하여 기획하는 것으로 웹사이트의 설계도이며 구체적인 작업 지침서 역할을 하는 것은?

① 사이안
② 레이아웃
③ 내비게이션
④ 스토리보드

참고 파트04-챕터01-섹션02

59 다음 중 웹페이지 제작 및 관리 순서를 옳게 나열한 것은?

> ㄱ. 홈페이지 제작
> ㄴ. 웹 서버에 업로드
> ㄷ. 자료수집과 정리
> ㄹ. 내용 업데이트 및 유지보수 관리
> ㅁ. 검색엔진 등록과 홍보
> ㅂ. 주제 결정과 구성도 작성

① ㄹ → ㄱ → ㄴ → ㅁ → ㄷ → ㅂ
② ㅂ → ㄷ → ㄱ → ㄴ → ㅁ → ㄹ
③ ㄷ → ㄹ → ㅁ → ㄴ → ㄱ → ㅂ
④ ㄱ → ㄴ → ㄹ → ㅂ → ㄷ → ㅁ

참고 파트03-챕터02-섹션04

60 웹사이트 내에서 사용자가 위치한 페이지가 어디인지 알려주는 작은 탐색 도구로, 사용자가 사이트 내에서 어디에 있든지 상위 페이지로 이동할 수 있도록 돕는 것은?

① 어포던스(Affordance)
② 브레드크럼(Breadcrumb)
③ 피델리티(Fidelity)
④ 애자일 UX(Agile UX)

빠른 정답 확인 QR
스마트폰으로 QR을 찍으면 정답표가 오픈됩니다.
기출문제를 편리하게 채점할 수 있습니다.

기출 예상문제 07회

자동 채점 서비스

참고 파트03-챕터02-섹션01

01 굿 디자인의 조건으로 옳은 것은?

① 합목적성, 실용성, 경제성, 효용성
② 합목적성, 심미성, 모방성, 경제성
③ 합목적성, 경제성, 심미성, 독창성
④ 합목적성, 심미성, 질서성, 독창성

참고 파트06-챕터01-섹션03

02 음에서도 색을 느낄 수 있는데 이 현상을 무엇이라 하는가?

① 명시성
② 공감각
③ 색청
④ 주목성

참고 파트05-챕터01-섹션02

03 다음 중 중간혼합에 해당하지 않는 것은?

① 날줄과 씨줄의 격자 직물
② 빔 프로젝터 영상
③ 인상파 화가의 점묘화
④ 모자이크 작품

참고 파트05-챕터01-섹션02

04 감산혼합에 대한 설명 중 틀린 것은?

① 혼합할수록 어두워지는 색료의 혼합이다.
② 사이안(Cyan), 마젠타(Magenta), 노랑(Yellow)의 혼합이다.
③ 다른 색료를 혼합해서 다시 각 원색을 만들 수 있다.
④ CMY를 모두 혼합하면 검정에 가까운 어두운 색상이 된다.

참고 파트05-챕터01-섹션03

05 다음 중 일반색명에 해당하는 것은?

① 살구색
② 개나리색
③ 레몬색
④ 연보라색

참고 파트03-챕터02-섹션02

06 다음이 설명하고 있는 디자인 원리는?

> • 요소들 사이의 평형상태를 말한다.
> • 각 요소들이 디자인 공간속에서 통일감과 안정감을 가지게 한다.
> • 크게 대칭과 비대칭, 방사대칭으로 구분할 수 있다.

① 반복
② 균형
③ 조화
④ 대비

참고 파트03-챕터02-섹션02

07 입체 디자인의 상관 요소에 해당하지 않는 것은?

① 위치(Position)
② 형태(Shape)
③ 방향(Direction)
④ 공간(Space)

참고 파트06-챕터01-섹션04

08 다음이 설명하고 있는 색의 대비로 옳은 것은?

> • 인접한 경계면이 다른 부분보다 더 강한 색상. 명도, 채도 대비를 나타내는 것을 말한다.
> • 맞닿아 있는 면은 물론이고, 떨어져 있는 면들에서도 상호 영향을 미치는 대비효과를 나타낸다.

① 채도대비
② 명도대비
③ 연변대비
④ 반복대비

참고 파트03-챕터02-섹션02

09 게슈탈트의 형태에 관한 시각 기본 법칙에 해당되지 않는 것은?

① 통일
② 근접
③ 유사
④ 연속

참고 파트05-챕터01-섹션01

10 먼셀의 무채색 11단계 중 중간명도에 해당하는 단계는?

① 0~3
② 4~6
③ 7~8
④ 9~10

참고 파트06-챕터01-섹션04

11 유채색에서 볼 수 있는 대비로 연속대비라고도 하며, 잔상 효과와 가장 밀접한 관련이 있는 것은?

① 색상대비
② 계시대비
③ 채도대비
④ 명도대비

참고 파트05-챕터01-섹션03

12 다음 중 색채 계획상 유의할 점으로 관련성이 가장 적은 것은?

① 안정성
② 사회성
③ 심미성
④ 도덕성

참고 파트03-챕터02-섹션02

13 다음이 설명하고 있는 것은?

> • 주어진 길이를 가장 이상적으로 나누는 비를 말한다.
> • 근사값이 약 1.618인 무리수이다.

① 비례
② 황금비
③ 삼각분할
④ 루트비례

참고 파트03-챕터02-섹션02

14 선에 대한 설명으로 잘못된 것은?

① 유기적인 선은 정확하고 긴장되며 기계적인 느낌을 준다.
② 수직선은 숭고한 느낌을 준다.
③ 수평선은 편안한 느낌을 준다.
④ 사선은 동적인 움직임과 불안한 느낌을 준다.

참고 파트02-챕터01-섹션02

15 다음 중 2차원 디자인에 포함되지 않는 것은?

① 타이포그래피
② 일러스트레이션
③ VR 가상현실
④ 편집디자인

참고 파트03-챕터02-섹션02
16 시각적 질감의 예로 성격이 다른 하나는?

① 사진의 망점
② 인쇄상의 스크린 톤
③ 대리석 무늬
④ 모니터 주사선

참고 파트06-챕터01-섹션04
17 다음 색채계열 중 피를 많이 보는 수술실과 같은 공간에 가장 알맞은 것은?

① 갈색 계열
② 흰색 계열
③ 녹색 계열
④ 보라색 계열

참고 파트05-챕터01-섹션02
18 가법혼색에 대한 설명 중 틀린 것은?

① 빨강, 초록, 파랑빛으로 이루어진다.
② 서로 다른 색의 빛을 섞으면 명도와 채도가 높아진다.
③ 모든 빛의 색을 합치면 검정이 된다.
④ 빨강과 초록을 섞으면 노랑이 된다.

참고 파트01-챕터02-섹션02
19 다음 중 콘셉트 시각화 요소에 해당하지 않는 것은?

① 컬러(Color)
② 레이아웃(Layout)
③ 이미지(Image)
④ 코딩(Coding)

참고 파트03-챕터03-섹션01
20 다음 중 웹에 대한 설명으로 틀린 것은?

① 웹은 World Wide Web의 약자이다.
② 하이퍼텍스트 자료들은 HTML이라는 언어를 통해 표현된다.
③ HTTP라는 통신 프로토콜을 사용한다.
④ 문자 중심이며 동영상 자료는 전송이 불가하다.

참고 파트04-챕터02-섹션03
21 HTML 문서에 자바스크립트를 삽입하는 방법으로 틀린 것은?

① 〈head〉 태그 내에서 〈script〉 태그를 사용하여 자바스크립트 코드를 포함한다.
② 자바스크립트 코드를 CSS 스타일 태그 〈style〉 내에 포함한다.
③ HTML 문서에 자바스크립트를 삽입할 때 소스코드가 길어질 경우 함수(function)를 정의하고 이를 호출하여 사용한다.
④ 자바스크립트 코드를 외부 파일로 작성하고 〈script src="…"〉 태그를 사용하여 포함한다.

참고 파트04-챕터02-섹션03
22 HTML의 주석문 처리를 옳게 표현한 것은?

① 〈%-- 주석내용 --〉
② 〈!-- 주석내용 --〉
③ 〈$-- 주석내용 --〉
④ 〈@-- 주석내용 --〉

참고 파트04-챕터02-섹션03
23 HTML에 대한 설명으로 틀린 것은?

① HTML 언어는 W3C를 기반으로 한다.
② HTML은 Hyper Text Marking Language의 약자이다.
③ 확장자는 html 또는 htm이다.
④ HTML은 태그로 구성되어 있다.

참고 파트04-챕터02-섹션03

24 다음 설명에 해당하는 것은?

> • W3C에서 1996년 HTML을 대체할 목적으로 제안한 것으로 웹상에서 구조화된 문서를 전송 가능하도록 설계된 언어이다.
> • 사용자가 새로운 태그를 정의할 수 있는 기능을 제공한다.

① CSS
② DHTML
③ SOAP
④ XML

참고 파트04-챕터02-섹션04

25 VRML에 관한 특징으로 옳은 것은?

① 오디오 파일을 압축한다.
② HTML 문서와 호환되지 않는다.
③ 이미지를 압축하여 전송하는 데 사용된다.
④ 인터넷 상에 3차원 가상공간을 표현한다.

참고 파트04-챕터02-섹션03

26 HTML 문서를 구성하는 태그 중 본문을 나타내는 것은?

① ⟨meta⟩ ⟨/meta⟩
② ⟨head⟩ ⟨/head⟩
③ ⟨body⟩ ⟨/body⟩
④ ⟨tbody⟩ ⟨/tbody⟩

참고 파트04-챕터02-섹션03

27 다음 중 HTML 태그에서 한 줄을 띄어주는 태그는?

① ⟨P⟩
② ⟨BR⟩
③ ⟨HR⟩
④ ⟨DIV⟩

참고 파트04-챕터02-섹션03

28 HTML 문서에서 하이퍼링크 설정 시 새로운 창을 열어 문서를 연결하는 속성을 지정하고자 한다. ⓐ에 들어갈 옵션으로 옳은 것은?

> ⟨A HREF="http://hrdkorea.or.kr" target = "ⓐ"⟩

① _self
② _parent
③ _top
④ _blank

참고 파트04-챕터02-섹션03

29 스타일시트에 대한 설명으로 틀린 것은?

① HTML 문서 내에 글자의 글꼴 종류, 크기, 색, 여백 등을 지정한다.
② 스타일시트만으로 동적인 DHTML을 작성하는 것이 가능하다.
③ OS나 프로그램에 관계없이 누구나 동일한 문서 내용을 볼 수 있도록 하기 위해 만들어졌다.
④ 글자의 정렬 방식을 결정하거나 그림자를 지정하는 등 다양한 효과를 줄 수 있다.

참고 파트04-챕터02-섹션03

30 자바스크립트의 활용 분야가 아닌 것은?

① 보안 프로그램 설계
② 대화형 웹 애플리케이션 구축
③ 브라우저 제어 및 다양한 기능 조절
④ 클라이언트에서 입력한 값을 서버로 전송(CGI와 연동)

참고 파트04-챕터02-섹션03

31 자바스크립트에서 'X를 Y로 나눈 뒤에 그 나머지를 구하는 것'을 산술연산자를 사용하여 바르게 표현한 것은?

① X%Y
② X&Y
③ X=Y
④ X/Y

참고 파트04-챕터02-섹션03

32 자바스크립트 내에서 사용되는 String 객체에 대한 설명으로 틀린 것은?

① replace() – 임의의 문자열에서 지정한 문자를 다른 문자로 변경한다.

② match() – 임의의 문자열에서 지정한 문자가 나타나는 첫 번째 위치 값을 반환한다.

③ split() – 지정한 문자열을 검색하여 해당 문자열을 반환한다.

④ toUpperCase() – 문자열에 존재하는 소문자를 모두 대문자로 변환하여 반환한다.

참고 파트04-챕터02-섹션03

33 다음 코드를 실행한 결과로 옳은 것은?

```
<!DOCTYPE html>
<html>
<head>
    <title>자바스크립트 예시</title>
    <script>
        function showAlert() {
            alert("버튼이 클릭되었습니다!");
        }
    </script>
</head>
<body>
    <button onclick="showAlert()">클릭하세요</button>
</body>
</html>
```

① 브라우저 탭에 "클릭하세요"라는 제목을 표시한다.

② 버튼을 클릭하면 "자바스크립트 예시"라는 제목이 표시된다.

③ 버튼을 클릭하면 경고 메시지로 "버튼이 클릭되었습니다!"가 표시된다.

④ 자바스크립트를 사용하여 "클릭하세요" 버튼을 숨긴다.

참고 파트04-챕터02-섹션02

34 페이지 수가 많고, 담고 있는 정보가 복잡한 웹페이지일수록 그 구성과 형태를 얼마나 잘 체계화하고, 적절한 장소에 위치시키느냐에 따라 쉬운 정보검색을 할 수 있다. 이를 가능하게 하는 디자인 작업은?

① 스토리보드

② 시나리오

③ 내비게이션

④ 스토리텔링

참고 파트04-챕터02-섹션03

35 와이어프레임의 특징으로 옳은 것은?

① 와이어프레임은 세부적인 시각적 디자인 요소와 스타일을 포함하지 않는다.

② 와이어프레임은 최종 사용자가 상호작용할 애니메이션 효과를 강조한다.

③ 와이어프레임은 주로 색상 선택을 위해 사용된다.

④ 와이어프레임은 제품의 최종 디자인을 정확하게 나타낸다.

참고 파트03-챕터01-섹션02

36 웹사이트 관련 용어에 대한 설명으로 틀린 것은?

① 내비게이션 바 – 메뉴를 한곳에 모아놓은 그래픽 또는 문자열의 모음

② 사이트 메뉴 바 – 버튼을 눌러 메뉴를 나타내는 기능

③ 라인 맵 – 이동 경로를 한번에 보여주는 방식

④ 디렉토리 – 주제나 항목별로 범주화하고, 계층적으로 구조화시킨 것

참고 파트03-챕터03-섹션01

37 인터넷에서 제공하는 월드와이드웹(WWW) 서비스를 이용하기 위해 개발된 프로그램으로, 인터넷에 연결된 컴퓨터를 탐색하고 원하는 정보를 읽어 들여 그 내용을 화면에 표시해 주는 클라이언트 프로그램을 무엇이라 하는가?

① 배너
② 포털 사이트
③ 웹 브라우저
④ 홈페이지

참고 파트04-챕터02-섹션03

38 다음 중 웹페이지 제작도구로 가장 알맞은 것은?

① 드림위버
② 일러스트
③ 3D 스튜디오 맥스
④ 포토샵

참고 파트01-챕터02-섹션01

39 홈페이지의 컨셉을 이끌어내기 위해 종이에 최대한 많이 그려봄으로써 여러 가지 구성을 만들어 보는 디자인 실무의 초기 작업은?

① 브레인스토밍
② 콘텐츠디자인
③ 프로토타이핑
④ 아이디어 스케치

참고 파트01-챕터01-섹션01

40 벤치마킹에 대한 설명으로 잘못된 것은?

① 원래 경제용어로 자기 분야에서 최고의 회사를 모델로 삼아 그들의 독특한 비법을 배우는 것을 말한다.
② 인터넷 비즈니스에서 사용되는 벤치마킹은 경쟁사와 시장을 분석하여 비즈니스를 성공적으로 끌고 나갈 수 있는 요소를 찾아내는 것이다.
③ 경쟁사의 성공 사례를 분석하여 똑같이 적용한다.
④ 경쟁사가 갖고 있지 않은 독특한 경쟁 요소를 확보한다.

참고 파트04-챕터01-섹션02

41 다음 중 웹사이트 개발 과정에 대한 설명으로 틀린 것은?

① 프로젝트 기획 – 목표설정, 시장조사, 개발전략 수립
② 웹사이트 기획 – 사이트 콘셉트 정의, 자료수집 및 분석
③ 웹사이트 디자인 – 콘텐츠 제작 및 배치, 내비게이션 구축
④ 웹사이트 구축 – 테스트 및 디버깅

참고 파트03-챕터02-섹션05

42 웹 그래픽 제작 단계 중 색상 선택 단계의 작업에 해당하는 것은?

① 컴퓨터가 제공하는 여러 가지 기능의 효율적 사용에 대해 연구한다.
② 이미지의 합성 과정을 통하여 의도한 이미지로 변형한다.
③ 표현하고자 하는 색상들은 색 혼합이나 색상, 명도, 채도들을 원하는 대로 조절할 수 있고, 색상을 다양하게 사용할 수 있다.
④ 이미지가 선택되면 도구의 기능을 사용하여 축소나 확대 반복, 회전들을 화면상에 제공하며, 이미지를 표현하기 위해 그래픽스 메뉴를 선택한다.

참고 파트02-챕터01-섹션01

43 웹페이지에서 사용되는 이미지 파일 포맷으로 가장 거리가 먼 것은?

① PNG
② GIF
③ TIFF
④ JPG

참고 파트02-챕터01-섹션01

44 다음 중 비트(bit)에 대한 특징으로 옳은 것은?

① 1bit는 0과 1의 값을 가진다.
② 8bit는 216색의 표현이 가능하다.
③ 이미지를 이루는 최소 단위이다.
④ 8bit는 십진수로 0~256 사이의 값을 나타낸다.

참고 파트03-챕터01-섹션02

45 웹페이지를 디자인할 때 고려해야 할 사항으로 틀린 것은?

① 사용자 개개인의 선호도나 사용수준에 맞춰 누구라도 쉽게 사용할 수 있도록 디자인한다.
② 사용자의 경험이나 학력, 언어능력 또는 집중력 정도에 차이를 두어 사용자 개인별로 난이도에 맞게 디자인한다.
③ 사용자가 우연한 또는 의도하지 않은 선택의 결과로 어려움에 빠지는 경우를 최소화하도록 디자인한다.
④ 사용자에게 필요한 정보를 효과적으로 전달하도록 디자인한다.

참고 파트03-챕터01-섹션02

46 웹사이트 레이아웃에 대한 설명으로 맞는 것은?

① 메인 페이지는 4~6개의 프레임으로 나누어 구성한다.
② 콘텐츠의 크기가 큰 것은 항상 웹페이지 상단에 배치한다.
③ 정보의 중요도에 따라 텍스트의 크기를 달리하여 시각적인 계층 구조를 만든다.
④ 웹사이트의 초기화면에는 사이트의 주제를 보여줄 수 있는 대용량 고화질 이미지를 사용한다.

참고 파트02-챕터01-섹션01

47 PNG(Portable Network Graphics) 파일 포맷에 대한 설명으로 옳은 것은?

① 256가지의 색상만을 사용한 압축된 포맷 형식이다.
② 일반적으로 JPG 파일보다 파일 용량이 적다.
③ GIF처럼 이미지 일부를 투명하게 하며 고해상도를 지원한다.
④ MS사의 익스플로러에서만 지원 가능하다.

참고 파트02-챕터01-섹션01

48 파일 포맷 중 LZW(Lempel-Ziv-Welch)라고 알려진 압축 알고리즘을 사용하며 사진 이미지보다는 색상이 단순한 그래픽에 더 효과적인 파일 포맷은?

① BMP
② GIF
③ TIFF
④ JPEG

참고 파트03-챕터03-섹션03

49 다음 중 웹 접근성과 관련이 없는 것은?

① 웹사이트의 SEO 최적화를 높인다.
② 대체 텍스트(Alternative Text)를 제공한다.
③ 웹 접근성 국제 표준으로는 W3C에서 제정한 WCAG가 있다.
④ 모든 사용자들이 동등하게 웹사이트를 이용할 수 있도록 설계한다. 웹 접근성 검사 도구를 활용하여 웹사이트의 접근성 문제를 식별하고 수정한다.

참고 파트02-챕터01-섹션02

50 특정한 형태를 그린 종이를 잘라낸 후 각 종이들을 화면에 붙이거나 떼면서 원하는 이미지를 만들고, 그것들을 연결해서 움직임을 만들어내는 애니메이션 종류는?

① 컷 아웃 애니메이션
② 스톱모션 애니메이션
③ 투광 애니메이션
④ 고우모션 애니메이션

참고 파트02-챕터01-섹션02

51 키프레임 방식의 애니메이션에 대한 설명으로 옳은 것은?

① 정해진 시간에 한 컷, 한 컷을 보여주는 방식이다.
② 움직임의 시작과 끝을 지정하고, 중간 단계는 시스템에서 계산되어 자동으로 생성된다.
③ 정지화면을 연속적으로 빠르게 보여주어 움직임을 부여할 수 있다.
④ 보통 만화는 1초에 2~24컷, 영화나 광고는 1초에 80컷을 사용한다.

참고 파트03-챕터01-섹션02

52 고정형 너비 레이아웃의 특징으로 옳지 않은 것은?

① 디자이너가 의도한 대로 레이아웃을 유지할 수 있다.
② 큰 화면에서는 여백이 많이 생길 수 있다.
③ 화면 크기에 따라 요소가 자동으로 재배치된다.
④ 작은 화면에서는 가로 스크롤이 발생할 수 있다.

참고 파트03-챕터02-섹션04

53 다음 중 인터랙션 디자인(Interaction Design)에 포함되지 않는 요소는?

① 사용자 흐름(User Flow)
② 피드백(Feedback)
③ 제어(Control)
④ 데이터 보안(Data Security)

참고 파트03-챕터01-섹션01

54 콘텐츠를 분류, 분석, 그룹핑하는 작업이 이루어지는 정보체계화(Contents Branch) 과정을 단계별로 가장 적절하게 나열한 것은?

① 콘텐츠 수집 → 콘텐츠 그룹화 → 콘텐츠 구조화 → 계층구조의 설계 → 콘텐츠 구조설계 테스트
② 콘텐츠 수집 → 계층구조의 설계 → 콘텐츠 그룹화 → 콘텐츠 구조화 → 콘텐츠 구조설계 테스트
③ 콘텐츠 수집 → 콘텐츠 그룹화 → 콘텐츠 구조화 → 콘텐츠 구조설계 테스트 → 계층구조의 설계
④ 콘텐츠 수집 → 콘텐츠 구조화 → 콘텐츠 구조설계 테스트 → 콘텐츠 그룹화 → 계층구조의 설계

참고 파트02-챕터02-섹션01

55 다음 중 사용자 행동 분석 기법이 아닌 것은?

① 사용자 여정 분석
② 사용자 저널
③ A/B 테스트
④ 웹 로그 분석

참고 파트03-챕터02-섹션04

56 페르소나의 특징으로 옳은 것은?

① 마케팅 전략을 수립하기 위해 사용된다.
② 가상의 사용자를 대표하는 실제 사람이다.
③ 사용자의 행동 패턴, 심리적 특성, 요구사항을 반영한다.
④ 사용자의 개인정보를 수집하는 데 중점을 둔다.

참고 파트02-챕터01-섹션04

57 다음 중 로우파이 프로토타입은?

① 와이어프레임
② 디지털 와이어프레임
③ 코드화된 프로토타입
④ 인터랙티브 프로토타입

참고 파트03-챕터01-섹션02

58 모바일용 웹페이지를 제작할 때 고려할 사항이 아닌 것은?

① 반응형 디자인
② 로딩 속도 최적화
③ 디바이스 화면 해상도
④ 프린트 레이아웃 최적화

참고 파트03-챕터01-섹션02

59 웹사이트 제작 시, 사용자 로그인 환경을 제작할 때 고려할 사항이 아닌 것은?

① 서버는 인증 정보를 암호화하여 전송한다.
② 사용자는 사용자 이름과 비밀번호를 입력하여 로그인한다.
③ 보안을 강화하기 위해 다층적인 인터페이스를 제공한다.
④ 서버는 입력된 인증 정보를 데이터베이스에서 확인하여 유효성을 검사한다.

참고 파트03-챕터03-섹션02

60 웹 표준 검사에 대한 설명으로 옳지 않은 것은?

① 웹페이지의 디자인과 색상을 검사한다.
② 코드의 문법적 오류를 찾아내고 수정한다.
③ W3C에서 정한 웹 표준을 준수하는지 확인한다.
④ 다양한 브라우저에서 웹페이지의 일관성을 확인한다.

빠른 정답 확인 QR
스마트폰으로 QR을 찍으면 정답표가 오픈됩니다.
기출문제를 편리하게 채점할 수 있습니다.

기출 예상문제
정답 & 해설

기출 예상문제 01회

01 ①	02 ④	03 ②	04 ①	05 ②
06 ④	07 ③	08 ③	09 ②	10 ②
11 ②	12 ④	13 ①	14 ①	15 ①
16 ①	17 ④	18 ①	19 ③	20 ④
21 ②	22 ④	23 ②	24 ③	25 ②
26 ②	27 ③	28 ④	29 ①	30 ①
31 ③	32 ③	33 ③	34 ③	35 ①
36 ④	37 ④	38 ③	39 ④	40 ③
41 ③	42 ③	43 ①	44 ④	45 ①
46 ③	47 ②	48 ④	49 ①	50 ①
51 ④	52 ③	53 ①	54 ②	55 ③
56 ④	57 ①	58 ④	59 ④	60 ①

기출 예상문제 05회

01 ①	02 ④	03 ③	04 ③	05 ②
06 ④	07 ②	08 ④	09 ③	10 ④
11 ②	12 ③	13 ①	14 ③	15 ②
16 ④	17 ④	18 ③	19 ③	20 ②
21 ②	22 ①	23 ①	24 ①	25 ④
26 ②	27 ④	28 ③	29 ①	30 ②
31 ③	32 ④	33 ①	34 ②	35 ④
36 ②	37 ③	38 ②	39 ③	40 ④
41 ④	42 ④	43 ③	44 ②	45 ④
46 ①	47 ③	48 ①	49 ②	50 ③
51 ③	52 ④	53 ④	54 ④	55 ②
56 ①	57 ④	58 ④	59 ④	60 ③

기출 예상문제 02회

01 ②	02 ②	03 ②	04 ①	05 ③
06 ④	07 ④	08 ④	09 ③	10 ①
11 ②	12 ③	13 ①	14 ④	15 ③
16 ④	17 ②	18 ①	19 ④	20 ③
21 ④	22 ①	23 ②	24 ③	25 ③
26 ③	27 ①	28 ③	29 ①	30 ②
31 ②	32 ②	33 ④	34 ③	35 ③
36 ③	37 ④	38 ①	39 ②	40 ④
41 ②	42 ①	43 ①	44 ③	45 ④
46 ②	47 ③	48 ④	49 ①	50 ③
51 ④	52 ③	53 ④	54 ②	55 ①
56 ①	57 ④	58 ③	59 ④	60 ④

기출 예상문제 06회

01 ①	02 ①	03 ④	04 ①	05 ③
06 ①	07 ①	08 ④	09 ①	10 ①
11 ③	12 ②	13 ③	14 ②	15 ②
16 ④	17 ①	18 ①	19 ②	20 ③
21 ①	22 ④	23 ①	24 ②	25 ①
26 ②	27 ③	28 ③	29 ①	30 ③
31 ③	32 ③	33 ④	34 ③	35 ②
36 ③	37 ②	38 ①	39 ③	40 ③
41 ①	42 ③	43 ②	44 ③	45 ③
46 ②	47 ①	48 ④	49 ④	50 ②
51 ②	52 ②	53 ③	54 ③	55 ①
56 ②	57 ③	58 ④	59 ②	60 ②

기출 예상문제 03회

01 ④	02 ④	03 ④	04 ④	05 ③
06 ①	07 ④	08 ②	09 ①	10 ②
11 ②	12 ④	13 ③	14 ②	15 ④
16 ④	17 ④	18 ②	19 ④	20 ①
21 ④	22 ④	23 ④	24 ④	25 ②
26 ③	27 ④	28 ①	29 ②	30 ④
31 ④	32 ③	33 ③	34 ①	35 ③
36 ③	37 ③	38 ②	39 ④	40 ①
41 ④	42 ②	43 ④	44 ④	45 ③
46 ①	47 ①	48 ④	49 ①	50 ④
51 ③	52 ③	53 ①	54 ④	55 ④
56 ①	57 ③	58 ④	59 ①	60 ②

기출 예상문제 07회

01 ①	02 ②	03 ②	04 ③	05 ④
06 ②	07 ②	08 ③	09 ①	10 ②
11 ②	12 ④	13 ②	14 ①	15 ③
16 ③	17 ③	18 ③	19 ④	20 ④
21 ②	22 ②	23 ②	24 ④	25 ②
26 ③	27 ②	28 ④	29 ②	30 ①
31 ①	32 ③	33 ③	34 ③	35 ①
36 ②	37 ③	38 ①	39 ④	40 ②
41 ②	42 ③	43 ③	44 ①	45 ②
46 ③	47 ③	48 ②	49 ①	50 ①
51 ②	52 ③	53 ④	54 ①	55 ②
56 ③	57 ①	58 ④	59 ③	60 ①

기출 예상문제 04회

01 ④	02 ④	03 ①	04 ②	05 ④
06 ③	07 ②	08 ②	09 ②	10 ①
11 ②	12 ④	13 ②	14 ②	15 ②
16 ②	17 ①	18 ④	19 ①	20 ③
21 ②	22 ③	23 ④	24 ②	25 ②
26 ④	27 ④	28 ③	29 ④	30 ③
31 ④	32 ①	33 ②	34 ③	35 ②
36 ④	37 ④	38 ①	39 ④	40 ①
41 ①	42 ①	43 ③	44 ④	45 ④
46 ④	47 ①	48 ④	49 ②	50 ④
51 ①	52 ③	53 ②	54 ②	55 ④
56 ①	57 ④	58 ①	59 ④	60 ④

기출 예상문제 01회

2-43p

01 ①	02 ④	03 ②	04 ①	05 ②
06 ④	07 ③	08 ③	09 ②	10 ②
11 ②	12 ④	13 ②	14 ①	15 ①
16 ①	17 ④	18 ②	19 ③	20 ④
21 ②	22 ④	23 ②	24 ①	25 ②
26 ②	27 ③	28 ④	29 ①	30 ①
31 ②	32 ③	33 ③	34 ③	35 ④
36 ④	37 ③	38 ②	39 ④	40 ③
41 ③	42 ③	43 ①	44 ④	45 ①
46 ③	47 ②	48 ④	49 ①	50 ①
51 ④	52 ③	53 ①	54 ②	55 ③
56 ③	57 ①	58 ④	59 ④	60 ③

01 ①

리듬을 적용한 웹사이트는 조화롭고 안정적인 느낌을 줌

02 ④

곡선은 우아, 매력, 모호, 유연, 섬세함과 동적인 표정을 나타냄

오답 피하기

정적인 표정을 나타내는 것은 직선

03 ②

채도가 낮은 색과 채도가 높은 색이 배색되면 서로 영향을 받아 채도의 차이가 더 크게 느껴짐

04 ①

NCS 표색계는 노랑(Yellow), 빨강(Red), 파랑(Blue), 녹색(Green), 흰색(White), 검정(Black) 등 6가지 기본색으로 구성. 이 중 색상환은 노랑 – 파랑, 빨강 – 녹색을 반대편에 배치하여 구성함

05 ②

수술실에서 빨간색 피를 본 후 흰색을 보게 되면 녹색 잔상이 생겨 시야에 혼동이 올 수 있음. 따라서 수술실에는 빨간색의 계시대비 색인 녹색 계열이 적합함

06 ④

유사조화는 같은 성질을 조화시킬 때 나타나는 것으로 친근감과 부드러움을 주는 반면 단조로울 수 있음. 또한 자연스럽고 부드러운 전환을 제공하여 시각적으로 편안한 느낌을 줌

07 ③

병치혼합은 선이나 점이 조밀하게 교차 · 나열되었을 때, 마치 인접한 색과 혼합된 것처럼 보이는 현상

08 ③

무채색은 유채색보다 더 후퇴하는 느낌을 줌

09 ②

먼셀 색입체에서 입체의 가로 방향은 채도를 나타내며, 바깥쪽으로 갈수록 채도가 높아짐

오답 피하기

A는 먼셀 색입체에서 중심축으로서 명도를 나타냄. 총 11단계로 구분하며, 위로 갈수록 명도가 높아지고 아래로 갈수록 낮아짐. C는 색입체의 둘레로서 색상을 나타내며 가장 바깥쪽에는 순색이 위치함

10 ②

분광색이란 스펙트럼에서 분산되어 나타난 순수한 색으로 빨강, 주황, 노랑, 초록, 파랑, 남색, 보라 등을 의미함

오답 피하기

• ① : 780nm 이상의 장파장은 스펙트럼에서 적외선을 의미함
• ③ : 가시광선과 보이지 않는 비가시광선으로 나뉘는 것은 빛에 대한 설명함을 의미함
• ④ : 빛의 굴절을 이용해 백색광을 연속된 색으로 분리한 것은 스펙트럼을 의미함

11 ②

저드의 색채 조화론에는 질서, 유사, 친근감(동류)의 원리, 명료성(비모호성)의 원리가 있음

12 ④

한국산업표준(KS)에 따른 색의 3속성은 색상(Hue), 명도(Value), 채도(Chroma)

13 ②

색광 혼합은 혼합할수록 명도는 높아지지만, 채도는 오히려 낮아질 수 있음

14 ①

게슈탈트의 시지각 원리는 근접, 유사, 폐쇄, 연속된 속성을 가진 형태들이 심리적으로 보기 좋다는 원리임

오답 피하기

• ② 유사성의 법칙 : 유사한 형태, 색채, 질감을 가진 것끼리 동등하게 보이는 것
• ③ 연속성의 법칙 : 배열과 진행 방향이 비슷한 것끼리 하나로 보이게 되는 것
• ④ 폐쇄성의 법칙 : 닫혀있지 않은 도형이 심리적으로 닫혀 보이거나 무리지어 보이는 것

15 ①

박명시란 명소시(밝은 환경)와 암소시(어두운 환경)의 중간 무렵, 즉 어두움이 시작될 때 추상세포(추상체)와 간상세포(간상체)가 동시에 활동하여 명암 순응이 되는 동안 물체의 상이 흐리게 나타나는 현상

16 ①

타이포그래피의 가독성에는 폰트, 자간, 행간, 여백 등이 모두 영향을 미침. 이 중에서 가장 영향을 많이 미치는 요소는 폰트(서체)이며, 글꼴이 너무 복잡하거나 장식이 많으면 오히려 가독성을 떨어뜨릴 수 있음

17 ④

서로 관련이 없어 보이는 요소들을 결합하여 아이디어를 도출하는 방법은 시네틱스법으로, 직접적으로 유추하거나 대상을 의인화 또는 상징적인 것을 떠올리는 방법

18 ②

공공저작물은 공공기관에서 제공하는 저작물로, 허락없이 자유롭게 사용할 수 있음

> **오답 피하기**
> - ① 신문기사 : 허락 없이 사용하면 저작권 침해에 해당됨
> - ③ SNS 저작물 : SNS에 게시된 저작물도 저작권이 있으며, 사용 전에 저작권자에게 허락을 받아야 함
> - ④ 영화 예고편 영상 : 허락 없이 사용하면 저작권 침해에 해당됨

19 ③

UI 그룹화는 UI 디자인에서 관련된 요소들을 논리적으로 묶어 하나의 그룹으로 만드는 것으로, 신속성, 재사용성, 일관성, 가독성 등의 장점이 있음

20 ④

마이크로인터랙션(Micro-Interaction) 디자인은 사용자가 시스템과 상호작용하는 동안 발생하는 작은 피드백이나 변화를 의미함

> **오답 피하기**
> - ① 비주얼 디자인 : 웹사이트나 앱의 시각적인 요소를 디자인
> - ② 반응형 디자인 : 다양한 디바이스와 화면 크기에 따라 웹사이트나 앱이 자동으로 레이아웃을 조정하는 디자인
> - ③ 사용자 중심 디자인 : 사용자의 필요와 기대를 최우선으로 고려하여 제품이나 서비스를 디자인

21 ②

프레스(Press)는 손가락을 화면에 터치하는 가장 기본적인 동작

> **오답 피하기**
> - ① 탭(Tab) : 손가락으로 화면을 한 번 가볍게 누르는 동작
> - ③ 드래그(Drag) : 손가락을 화면에서 떼지 않고 이동하여 다른 위치로 이동시키는 동작
> - ④ 핀치(Pinch) : 두 손가락을 사용하여 화면을 확대하거나 축소하는 동작

22 ④

터치포인트(Touchpoint)는 사용자가 사용자 인터페이스(UI)와 상호작용하는 모든 접점을 의미

> **오답 피하기**
> - ① 타임라인(Timeline) : 사용자가 경험하는 일련의 활동과 상호작용을 시간 순으로 나타낸 것
> - ② 페인포인트(Pain Points) : 사용자가 경험하는 불편함이나 문제점
> - ③ 제스처(Gesture) : 터치스크린 UI를 사용하는 디바이스에서 사용자가 특정 동작을 통해 기기와 상호작용하는 방식

23 ②

프로토타입은 실제 디자인처럼 인터렉션과 기능을 테스트할 수 있는 테스트베드(Test Bed) 역할을 하며, 사용자 피드백을 수집하여 디자인을 수정할 수 있도록 해줌

> **오답 피하기**
> - ① : UX 리서치
> - ③ : 애자일 UX
> - ④ : 경쟁사 분석

24 ③

웹 로그 분석이란 웹 서버가 서버 측에 파일 형태로 기록한 활동 데이터를 분석하는 것

> **오답 피하기**
> - ① 사용자 여정 분석 : 사용자가 제품을 처음 접한 순간부터 사용을 끝낼 때까지의 모든 과정을 추적하고 분석
> - ② A/B 테스트 : 사용자에게 두 가지 다른 버전을 제공하고, 각 버전에 대한 반응을 측정
> - ④ 설문조사 : 사용자의 태도와 생각을 설문지를 통해 수집하여 분석

25 ②

페르소나 설정을 위한 요소로는 행동 패턴, 인구 통계정보, 사용자 목표와 요구 사항, 심리적 특성 등이 있으며, 컴퓨터 성능은 해당하지 않음

26 ②

경쟁사 분석은 경쟁사의 강점, 약점, 전략 등을 파악하여 자사의 전략을 개선하고 시장 경쟁력을 높이는 과정으로 시장 조사 단계에서 진행됨

27 ③

프로슈머는 생산자(Producer)와 소비자(Consumer)의 합성어로, 웹디자인에서 프로슈머는 초기 컨셉부터 최종 결과물에 이르기까지 의견과 피드백을 제공

> **오답 피하기**
> - ① 구독자(Subscriber) : 정기적인 업데이트, 뉴스레터 등을 받기 위해 구독하는 사용자
> - ④ 로얄컨슈머 : 충성 고객으로, 웹사이트에 지속적으로 관심을 가지고 방문하는 사용자

28 ④

GIF 포맷은 8bit를 지원하여 최대 256가지의 색상을 표현할 수 있음

29 ①

⟨ul⟩은 'Unordered List'로 순서가 없는 목록을 정의

> **오답 피하기**
> - ② ⟨ol⟩ : 순서가 있는 목록을 정의
> - ③ ⟨li⟩ : 목록의 각 항목을 정의
> - ④ ⟨dt⟩ : 용어에 대한 설명 목록을 정의

30 ①

HTML 문서의 구조는 ⟨HTML⟩로 시작해서 ⟨/HTML⟩로 종료됨

31 ②

⟨SUB⟩ 태그는 'Subscript'의 의미로 태그 사이의 문자를 아래첨자로 지정

> **오답 피하기**
> - ① ⟨S⟩ : 문자에 취소선을 그어줌
> - ③ ⟨SUP⟩ : 'Superscript'를 의미. 태그 사이의 문자를 위첨자로 보여줌
> - ④ ⟨TT⟩ : 타자기 글꼴로 표시. HTML5 표준에서는 더 이상 사용되지 않음

32 ③

앵커(Anchor)란 닻의 의미로 HTML 문서에서 하이퍼링크를 생성할 때 사용하는 ⟨A⟩ 태그를 의미

33 ③

반응형 웹페이지 제작 시 중요한 사항으로는 반응형 레이아웃, 뷰포트 설정, 미디어 쿼리 사용, 유연한 이미지 및 미디어 등이 있음

34 ③

DHTML(동적 HTML)은 프로그래밍 언어를 지칭하는 것이 아니라 HTML, CSS, JavaScript를 결합하여 동적인 웹페이지를 만드는 기술

35 ④

ASP, JSP, PHP는 서버 상에서 실행되어 그 결과만을 HTML 문서로 만들어 웹 브라우저로 보내주며, JavaScript는 소스 코드가 HTML 문서 중에 포함되어 사용자의 브라우저에서 직접 번역되어 수행됨

36 ④

@import는 외부 스타일시트를 현재 스타일시트에 가져오는 @규칙(at-규칙)

오답 피하기

@open, @require 및 @include는 CSS의 표준 규칙이 아니며, 주요 @규칙으로는 @media, @viewport, @font-face 등이 있음

37 ④

'margin: 200px'는 외부 여백을 200px로 설정

오답 피하기

- line-height: 1.5; : 줄간격을 1.5로 설정
- color: blue; : 텍스트 색상을 파란색으로 설정
- z-index: 10; : 다른 요소들과의 쌓이는 순서를 지정(높은 값일수록 위로 쌓임)
- opacity: 1; : 요소를 완전히 불투명하게 설정

38 ③

onMouseover는 마우스가 대상의 링크나 영역에 위치할 때 발생되는 이벤트를 처리하는 것

39 ④

DOM(Document Object Model)은 클라이언트 측에서 문서의 구조와 스타일을 조작하는 데 사용되며, 서버의 데이터베이스를 직접 수정할 수는 없음

40 ③

웹 브라우저는 웹사이트 접속, 정보 검색, 웹페이지의 저장 및 인쇄, 파일전송 등을 제공하지만 사진 합성 기능은 제공하지 않음

41 ③

JPEG는 웹용 이미지 파일 포맷으로 컬러 수가 많은 이미지에 사용

오답 피하기

- ① EPS : 주로 벡터 그래픽을 저장하는 데 사용되며, 고해상도 인쇄용으로 사용
- ② PSD : Photoshop에서 작업한 원본 파일 포맷으로 이미지 편집에 활용
- ④ BMP : 비트맵 이미지를 저장하는 포맷이며, 웹 이미지에는 활용하지 않음

42 ③

스토리보드는 일종의 작업 지침서로, 웹페이지 화면에 대한 계획, 레이아웃, 내비게이션, 기능 등을 그림과 설명으로 시각화한 것

오답 피하기

- ① 레이아웃 : 콘텐츠를 적절하게 배치시킨 구조
- ② 내비게이션 : 웹페이지 내에서 사용자가 다양한 섹션과 페이지로 쉽게 이동할 수 있도록 링크들을 체계적으로 모아놓은 것
- ④ 동영상 : 시간에 따라 연속적으로 움직이는 이미지로 구성된 매체

43 ①

Vertex 모델은 Vertex(점)을 이용하여 3D 객체를 구성하는 방식

오답 피하기

- ② 와이어프레임 모델(Wire-frame Model) : 점과 선으로 오브젝트의 골격만 표현
- ③ 솔리드 모델(Solid Model) : 오브젝트의 내부까지 채워진 고형 모델
- ④ 파라메트릭 모델(Parametric Model) : 수학적 Parameter를 이용하여 오브젝트를 정의

44 ④

기업, 단체, 행사의 특징과 성격에 맞는 시각적 상징물은 브랜드 아이덴티티 중 로고(Logo)를 의미

45 ①

벤치마킹이란 경쟁사의 최고 사례와 자사의 성과를 비교하여 개선 방안 도출하는 것

46 ③

계층구조는 특정 정보를 중심으로 하위페이지로 이동하는 내비게이션 구조로, 정보를 논리적으로 연결시킬 수 있으며 사용자가 효율적으로 탐색할 수 있음

47 ②

고정형 너비 레이아웃은 웹페이지 너비가 픽셀 단위로 고정되어 있으며, 화면 크기에 따라 유동적으로 변하지 않음

48 ④

웹에 사용되는 이미지는 로딩 시간을 줄이기 위해서 이미지를 최적화함. 최적화된 이미지와 달리 동영상을 배경으로 사용하면 웹페이지의 로딩 시간이 길어질 수 있으며 웹페이지 가독성도 떨어질 수 있음

49 ①

다양한 컬러 작업은 래스터 이미지에서 수행됨

50 ①

SRT는 텍스트 파일 형태의 자막 포맷으로, 자막의 시작과 끝 시간을 지정하여 비디오와 동기화함

오답 피하기

- ② MP4 : 높은 압축률과 좋은 품질을 제공하는 멀티미디어 포맷
- ③ MKV : 웹용은 아니지만 오픈소스 포맷으로 유연하게 사용됨
- ④ MOV : Apple의 QuickTime 파일 형식으로 고품질 동영상에 사용

51 ④

그래픽 심벌은 기업, 제품 또는 서비스의 정체성과 가치를 시각적으로 표현하는 디자인 요소로 모호하지 않고 명확해야 함

52 ③

안티 앨리어싱(Anti-aliasing)은 비트맵 이미지에서 픽셀이 사각형이기 때문에 곡선 부분에서 들쑥날쑥하고 거칠게 나타나는 것을 감쇄시키기 위해 사용

53 ①

로토스코핑은 실사에 있는 특정 인물이나 사물을 배경으로 이용하여 애니메이션을 삽입하는 기법

오답 피하기
- ② 모션캡처 : 사람, 동물의 움직임을 추적해 얻은 데이터를 모델링된 캐릭터에 적용하는 기술
- ③ 플립북 : 변해가는 동작을 페이지마다 그린 후 일정한 속도로 종이를 넘겨 애니메이션을 확인
- ④ 모핑 : 보간법을 이용하여 서로 다른 이미지나 3차원 모델 사이의 변화하는 과정을 서서히 나타내는 기법

54 ②

아이콘 디자인은 디자인 단계에서 이루어지는 작업

55 ③

나모 웹에디터는 웹페이지를 저작하기 위한 웹에디터 프로그램

56 ③

CBD SW 산출물 가이드는 분석, 설계, 구현, 시험 단계별 산출물을 정의하고 있으며, 사용자 사용 현황서는 해당하지 않음

57 ①

원가 개념은 프로젝트의 비용을 평가하고 관리하는 데 사용되는 회계적 개념이며, 산출물의 기준이 아님

58 ④

최종 보고서에는 프로젝트의 개요, 범위, 진행과정, 성과 및 결과, 문제점 및 개선점 등이 들어감

59 ④

웹용 이미지는 로딩 속도와 파일 포맷, 웹 색상과 디스플레이 환경 등을 고려해야 함

오답 피하기
인쇄 설정은 주로 인쇄용 이미지에 적용됨

60 ③

컴퓨터 그래픽스는 미세한 부분까지 표현이 가능

기출 예상문제 02회　　2-52p

01 ②	02 ②	03 ②	04 ①	05 ③
06 ④	07 ④	08 ④	09 ③	10 ①
11 ②	12 ③	13 ①	14 ④	15 ③
16 ④	17 ②	18 ①	19 ④	20 ④
21 ③	22 ①	23 ②	24 ③	25 ③
26 ③	27 ①	28 ②	29 ①	30 ②
31 ③	32 ③	33 ④	34 ③	35 ③
36 ③	37 ③	38 ③	39 ②	40 ④
41 ②	42 ①	43 ①	44 ③	45 ④
46 ②	47 ③	48 ④	49 ④	50 ③
51 ④	52 ③	53 ④	54 ①	55 ①
56 ①	57 ④	58 ③	59 ④	60 ④

01 ②

명도와 채도가 높은 색은 팽창되어 보이고, 낮은 색은 수축되어 보임

오답 피하기
따뜻한 색이나 명도와 채도가 높은 색은 진출되어 보이고, 차가운 색이나 명도와 채도가 낮은 색은 후퇴되어 보임

02 ②

조화란 요소들이 상호관계를 가지고 균형감이 안정적으로 이루어진 상태

03 ②

심미성이란 형태와 색채가 조화를 이루어 '아름다움'의 성질을 만들어내는 것으로 시대적인 미의 기준, 사회적인 개성에 따라 변화됨

04 ①

녹색 계열의 색상은 휴식과 힐링, 건강과 웰빙 등을 나타내므로 건강식품 판매 웹사이트에는 초록을 사용

05 ③

회색은 공장, 테크노, 음울 등을 연상시킴

오답 피하기
신비, 위엄, 고독을 연상시키는 색은 보라색

06 ④

녹색은 쓴맛 나는 식물들(쓴나물, 잎채소)과 관련되면서 쓴맛을 나타냄

07 ④

광색의 혼합은 RGB(Red, Green, Blue)의 혼합으로, 광색(255, 255, 0)은 빨강(R)이 255, 녹색(G)이 255, 파랑(B)이 0이므로 결과는 노랑(Yellow)

08 ④

네거필름(네거티브 필름)이란 컬러 프린트를 만들기 위해 각 색을 분해한 음화 필름을 의미하며, 이것을 만드는 과정을 색분해라고 함

09 ③

CIE는 혼색계에 속하고, NCS, OSA, DIN은 현색계에 속함

10 ①

배색은 색을 목적에 맞게 표현하기 위해서 주변의 색을 고려하여 배치하는 것으로, 색상 수를 적게 하고 대비를 고려하여 색을 선택

11 ②

계시대비란 색상을 보고 일정한 시간 후에 느껴지는 대비 효과로 어떤 색상을 보고 난 후 다른 색상을 보았을 때 먼저 본 색상의 잔상이 남아 색상이 다르게 보이는 현상

- ① 동시대비 : 인접되어 있거나 다른 색 안에 놓여 있는 두 가지 색을 동시에 볼 때 일어남
- ③ 한난대비 : 차가운 색과 따뜻한 색을 배열할 경우 차가운 색은 더 차갑게 느껴지고, 따뜻한 색은 더욱 따뜻하게 느껴지는 대비 효과
- ④ 면적대비 : 면적 크기에 따라 색이 다르게 느껴지는 현상

12 ③

관용색명은 관습적이거나 연상적인 느낌으로 이름을 붙이는 방법으로 인명, 지명, 원료, 자연 등에 따라 이름이 붙여짐

13 ①

통일은 조화로운 형, 색, 질감이 공통된 특징을 갖고 있음

14 ④

굿 디자인이란 합목적성, 경제성, 심미성, 독창성, 질서성을 만족시킴으로서 외적인 독창성과 편리함을 갖춘 디자인을 의미

15 ③

GIF는 무손실 압축을 사용하는 포맷으로, 이미지 파일 크기를 최소화하기 위해 사용하는 웹용 이미지 파일 포맷

16 ④

익스플로러는 현재 지원이 종료된 웹브라우저로, 익스플로러와 같이 낮은 버전의 웹브라우저에서는 CMYK 이미지가 표시되지 않음

17 ②

웹에서 서체는 사용에 제한이 있을 수 있음. 모든 사용자가 동일한 서체를 볼 수 있도록 하기 위해 웹 안전 폰트(Web-Safe fonts)를 사용하거나, 특정 서체를 사용할 경우 폰트 파일을 포함시켜야 함

18 ①

공공저작물은 공공기관에서 제공하는 저작물로, 비영리 목적으로 사용할 수 있음

- ② 블로그에 올라와 있는 폰트 사용 : 저작권이 있을 수 있으며, 사용 전에 저작권자의 허락이 필요할 수 있음
- ③ 포털사이트에서 다운로드한 이미지 사용 : 저작권이 있을 수 있으며, 무단 사용 시 저작권 침해가 될 수 있음
- ④ 웹에서 찾은 영상을 편집하여 새로운 영상으로 제작 : 원본 영상에 저작권이 있을 수 있으며, 이를 편집하여 새롭게 영상을 만든 경우 2차적 저작물로 작성권 침해에 해당될 수 있음

19 ④

디자인의 표현 요소란 시각적으로 메시지를 전달하기 위해 사용되는 구성 요소로, 점, 선, 면 등의 개념 요소, 형태, 크기 등이 있음

② 방향, 공간감 등은 개념 요소와 시각 요소 등 디자인 요소들의 결합에 의해 나타나는 상관 요소

20 ③

폐쇄성이란 닫혀있지 않은 도형이 심리적으로 닫혀 보이거나 무리지어 보이는 것

21 ③

웹페이지 제작 시 색상에 대한 원칙을 수립하도록 하며, 전체적으로 일관성 있는 색상으로 설계함

22 ③

웹용 이미지는 로딩 속도를 줄이기 위해 용량과 품질을 최적화하여 사용

23 ②

컬러는 시각적으로 가장 먼저 인식되는 요소로, 사용자에게 첫인상을 남기며 상품에 대한 연상 작용을 일으키는 요소

24 ③

이미지에서 한 픽셀의 위치 정보는 직교좌표계의 x, y 좌표 값으로 표시

25 ③

사용자가 정의한 태그를 사용할 수 있는 언어는 XML

26 ③

〈HR〉은 수평선을 긋는 태그

27 ①

자바스크립트는 프로그래밍 언어처럼 컴파일러에 의해 번역되지 않고 스크립트 해석기에 의해 해석되는 언어

28 ③

자바스크립트 변수명은 영문 대소문자, 숫자, 밑줄(_)을 사용할 수 있으며, 첫 글자는 반드시 영문자나 밑줄로 시작해야 함

29 ①

자바스크립트의 연산자 중에서 괄호(), 대괄호[ ] 연산자는 우선순위가 가장 높음

자바 연산자 우선순위 : [ ] 〉 ++ 〉 ! 〉 %

30 ②

OnChange()는 함수는 주로 사용자 인터페이스에서 값이 변경될 때 트리거되는 이벤트 핸들러

> **오답 피하기**
- OnSelect( ) : 드래그하여 선택하는 경우
- OnKeyPress( ) : 키보드의 키를 누르고 있는 경우
- OnClick( ) : 마우스로 클릭하는 경우

31 ②

CSS는 W3C에서 제시한 웹 표준으로, 웹페이지의 레이아웃, 색상, 글꼴 등의 스타일을 정의하는 데 사용됨

> **오답 피하기**
웹페이지와 사용자 간의 상호작용, 애니메이션 동작 등 요소들이 요구사항에 따라 동작이 가능하도록 동작에 대한 명령을 표준화한 것은 자바스크립트 라이브러리인 jQuery에 대한 설명에 가까움

32 ②

@media 미디어 쿼리는 디바이스, 화면 크기 등 특정 조건에 따라 다른 스타일을 적용하게 하는 규칙. @media(max–width: 600px)는 최대 화면 너비가 600px, 즉 화면 너비가 600px 이하일 때 스타일을 적용함. .dropdown{min–width:100%;}는 dropdow 요소의 최소 너비를 100%로 설정

33 ④

ASP, JSP, PHP는 서버에서 실행되어 그 결과를 HTML 형태로 브라우저로 전송하는 서버사이드 프로그래밍 언어이며, JavaScript는 소스 코드가 HTML 문서 중에 포함되어 사용자의 브라우저에서 직접 번역되어 수행되는 클라이언트사이드 언어

34 ③

아파치(Apache)란 주로 유닉스, 리눅스 시스템에서 사용되는 웹 서버 프로그램

35 ③

플러그인(Plug–In)은 웹 브라우저가 직접 처리하지 못하는 데이터를 처리함으로써 웹 브라우저의 기능을 확장시키는 프로그램

36 ②

쿠키는 웹사이트의 방문 기록을 사용자 측의 컴퓨터에 남겨두는 작은 텍스트 파일

> **오답 피하기**
- ① 아바타 : 인터넷 상에서 사용자를 대신하는 캐릭터. 네트워크 환경에서 자신을 대신하는 가상의 그림 또는 아이콘
- ③ 포털 : 인터넷의 관문과 같은 사이트로 검색, 이메일, 커뮤니티 등의 서비스 제공
- ④ 허브 : 데이터 통신에서 컴퓨터를 LAN에 접속시키는 장치로 데이터가 모였다가 전달되는 장소

37 ④

웹 그래픽 제작 기법에서 이미지를 표현하는 단계는 '이미지 구상 → 도구 선택 → 색상 선택 → 이미지 표현'

38 ①

웹 안전 색상은 웹 브라우저, 운영체제, 플랫폼에서 공통된 색상으로 216가지의 색상으로 이루어져 있음

39 ②

웹 컬러 디자인은 컬러의 상징과 연상 등을 고려하여 컬러를 선택하거나 효율적인 배색을 하는 것으로 정보보안을 할 수는 없음

40 ②

그리드 시스템(Grid System)이란 수직·수평의 가상 격자로 구성된 가이드라인으로, 디자인 요소들을 정돈되고 균형 있게 배치하기 위해 사용됨

41 ②

내비게이션은 콘텐츠를 체계적으로 분류하여 이동이 편리하도록 연결해 둔 것으로, 웹페이지 내에서 다양한 섹션과 페이지로 쉽게 이동할 수 있도록 링크들을 체계적으로 모아놓은 것

42 ①

UX(User eXperience) 디자인이란 사용자(클라이언트)의 경험을 고려하여 디자인하는 것

43 ①

코드화된 프로토타입은 실제 코드로 구현하여 최종 제품과 비슷한 프로토타입으로 피델리티가 높음

44 ③

스토리보드는 프로토타입 작성 이전에 작성됨

45 ④

공감 단계는 사용자의 필요와 문제를 이해하고 공감하는 단계로서, 인터뷰, 관찰, 설문조사 등을 통해 사용자의 행동과 의견을 조사하고 분석함

> **오답 피하기**
A/B 테스트는 두 가지 이상의 대안을 비교하여 어느 것이 더 나은 결과를 가져오는지 평가하는 것으로 후반 테스트 단계에서 사용됨

46 ②

템플릿은 특정 레이아웃과 스타일을 미리 정의하여, 여러 웹페이지에 일관성 있게 사용할 수 있도록 만든 디자인 파일

> **오답 피하기**
인터페이스 : 사용자가 얼마나 컴퓨터에 쉽게 접근할 수 있는지를 연구하여 인간의 편리에 맞도록 개발하는 것

47 ③

웹디자인 과정에 대한 문서들을 보관하고 데이터 백업에 대한 것은 완료 단계에서 고려해야 할 사항

48 ④

방문자 분석, 피드백 및 사용성 테스트는 '테스팅 및 최종 런칭' 단계에 해당함

49 ④

크로마키는 두 가지 화면을 합성하는 것으로 전경 오브젝트를 단순한 배경에서 별도로 촬영한 후 배경을 합성시킴

오답 피하기
- 렌더링 : 그림자나 색채의 변화와 같은 3차원적인 질감을 더하여 실재감을 입히는 과정
- 모델링 : 어떤 오브젝트를 윤곽선에 따라 디자인하는 것으로 오브젝트를 3차원적 좌표계를 사용하여 표현하는 과정

50 ③

텍스처 매핑(Texture Mapping)은 3차원 대상물 표면에 세부적인 질감을 나타내거나 색을 입히는 기법으로 고유한 재질감을 부여하는 것

오답 피하기
- ① : 로토스코핑
- ② : 3차원 모델
- ④ : 렌더링

51 ④

컴퓨터 그래픽은 아이디어를 제공할 수 없으며, 스케치 등과 같이 모든 수작업을 대체할 수는 없음

52 ③

스캐너(Scanner)는 2차원, 3차원 이미지나 그림, 문자 등을 읽어 들이는 입력 장치이며 출력장치가 아님

53 ④

모핑(Morphing)은 보간법을 이용하여 서로 다른 이미지나 3차원 모델 사이의 변화하는 과정을 서서히 나타내는 기법

오답 피하기
- ① 트위닝(Tweening) : 그림과 글자 등에서 애니메이션에서 처음과 끝 프레임 사이의 중간 단계 변화를 자동으로 생성하는 기능
- ② 로토스코핑(Rotoscoping) : 실사와 애니메이션을 합성하는 기법
- ③ 고라우드 쉐이딩(고러드 쉐이딩, Gouraud Shading) : 3D 모델링에서 각 꼭지점(Vertex)에서 계산된 조명과 색상을 폴리곤의 내부로 보간하여 부드러운 음영 효과를 제공하는 쉐이딩 기법

54 ①

시나리오는 웹 디자인에서 사이트의 전체적인 구성 계획을 의미함. 이러한 시나리오를 바탕으로 그림과 이미지를 통해 시각화하는 작업이 이루어지며, 이 과정이 바로 스토리보드 제작 과정임

55 ①

형성적 사용 적합성 평가는 디자인과 기능성을 개선하기 위해 제품 개발 초기 단계에서 수행

56 ①

프로젝트 산출물은 프로젝트의 각 단계에서 생성되는 최종 결과물로, 소프트웨어, 문서, 시스템 등을 포함하며, 비용을 측정하는 것은 프로젝트 산출물에 포함되지 않음

57 ④

유효하지 않은 자료 제거 기준으로는 임시 파일, 불필요한 초안, 중복 자료, 오래된 기록 등이 있음. 사용자의 개인 데이터는 유효하지 않은 자료 제거 기준에 포함되지 않음

58 ③

모든 태스크(Task)에 인덱스를 생성하면 성능 저하와 디스크 공간 낭비 등이 발생할 수 있음

59 ④

인공지능 시대에서는 반복적이고 규칙적인 작업들은 자동화 도구와 AI를 통해 처리될 수 있음

60 ④

프로젝트 최종 보고에는 프로젝트 결과를 정리, 목표 달성 여부, 주요 성과, 향후 개선점 등이 포함됨. 그러나 프로젝트 팀원의 개인적인 피드백과 개인 성과는 최종 보고에 포함되지 않음

기출 예상문제 03회
2-60p

01 ④	02 ④	03 ④	04 ④	05 ③
06 ①	07 ④	08 ②	09 ①	10 ②
11 ②	12 ④	13 ④	14 ②	15 ④
16 ④	17 ④	18 ②	19 ④	20 ①
21 ④	22 ④	23 ④	24 ④	25 ②
26 ③	27 ④	28 ①	29 ②	30 ④
31 ④	32 ③	33 ③	34 ①	35 ④
36 ③	37 ③	38 ②	39 ④	40 ①
41 ②	42 ④	43 ④	44 ④	45 ④
46 ①	47 ①	48 ④	49 ①	50 ④
51 ③	52 ④	53 ①	54 ③	55 ④
56 ①	57 ③	58 ④	59 ①	60 ②

01 ④

이동하는 선의 자취는 면을 이룸

02 ④

색채는 색채를 느낄 수 없는 경우의 무채색과 유색 광각의 색을 느끼는 경우인 유채색으로 나뉨

03 ④

우리나라에서 지정한 색의 3속성은 색상(Hue), 명도(Value), 채도(Chroma)

04 ④

우리나라 교육부에서는 규정한 먼셀(Munsell)의 표준 20색상환을 기본 색상으로 지정하고 있음

05 ③

수평선은 정지 상태, 안정감을 느낄 수 있음

06 ①

주변의 환경에 의한 대비로 인해 크기가 다르게 보이는 착시는 면적과 크기 대비의 착시로 에빙하우스의 도형에서 나타남

07 ④

명시성은 먼 거리에서도 잘 보이는 성질(=가시성, 시인성)로 색상, 명도, 채도의 차이가 클수록 명시성이 높아짐. 노랑 바탕에 검정 글씨는 명시성이 가장 높음

08 ②

동화현상은 다른 색의 영향을 받아 인접되어 있거나 둘러싸여 있는 색상과 비슷하게 보이는 것으로 자극이 지속되는 잔상 효과를 의미함

> 오답 피하기

색 자체가 명도나 채도가 높아서 시각적으로 빨리 눈에 띄는 성질은 고명도 또는 고채도의 색상과 관련되며, 주목성이나 명시성에 해당함

09 ①

보색대비는 색상환에서 정반대에 위치한 두 색상이 인접해 있을 때 서로 영향을 받아 채도가 높고 선명해 보이는 현상으로 빨강의 보색은 청록임

> 오답 피하기

- ② : 남색 – 노랑
- ③ : 보라 – 연두
- ④ : 연두 – 보라

10 ②

푸르킨예 현상은 명소시(밝은 환경)에서 간소시(중간 밝기 환경)로 전환될 때, 색의 밝기에 대한 인식이 달라지는 현상

> 오답 피하기

- ① : 지각 항상성이란 형태에 대한 자극의 모습이 바뀌어도 같은 자극으로 지각되는 것
- ③ : 착시 현상은 사물을 원래와 다르게 지각하는 시각적인 착오
- ④ : 게슈탈트의 시지각 원리는 근접, 유사, 폐쇄, 연속된 속성을 가진 형태들이 심리적으로 보기 좋다는 원리

11 ②

먼셀 표색계에서 채도는 바깥쪽으로 갈수록 높아지고, 안쪽으로 갈수록 낮아짐

12 ④

상방 거리 과대 착시란 같은 크기라도 상하로 겹치면 위쪽에 있는 것이 더 크게 보이는 현상

13 ③

분광색이란 프리즘을 통과한 빛(스펙트럼)에서 분산되어 나타난 순수한 색

14 ②

색광 혼합에서 빨강(Red)과 녹색(Green)이 혼합되면 노랑(Yellow)이 생성됨

15 ④

배색이란 목적에 맞는 색을 표현하기 위해 주변의 색을 고려하여 배치하는 것으로 사용 목적과 조화를 고려하여 색을 선택해야 함

16 ④

동일색상 배색은 정적인 질서, 차분함, 통일된 감정을 느낄 수 있음

17 ④

순색에 흰색을 혼합하면 명색이 됨. 명색은 명도가 높아져 밝고 부드러운 느낌을 줌

18 ②

가산혼합은 혼합된 색의 명도가 혼합하기 전의 평균 명도보다 더 높아지는 혼합

19 ④

디더링(Dithering)은 GIF 파일 포맷에서 사용되는 것으로, 이미지에 포함되지 않은 색상을 마치 이미지에 포함된 색상처럼 비슷하게 구성해주는 기법

20 ①

CIE 표준 표색계는 1931년 국제조명위원회(Commission Internationale de l'Eclairage: CIE System)에서 고안한 국제적 기준

21 ④

곡선은 부드러우면서 자유롭고 아름다움을 표현

22 ④

빨강은 고춧가루와 관련되어 매운맛을 연상시킴

23 ④

색채는 유색 광각의 색을 느끼게 하는 유채색을 의미

> 오답 피하기

- 색채 : 색을 지각한 후의 심리적인 현상
- 색 : 눈의 망막이 빛의 자극을 받아 생기는 물리적인 지각 현상

24 ④

상 · 하의가 단절되지 않도록 색감을 비슷한 색상으로 통일할 때 키가 더 커 보임

25 ②

비대칭(Asymmetry)은 비대칭은 두 부분이 크기, 형태, 색상 등이 동일하지 않지만 균형을 이루어 시각적으로 흥미롭고 역동적인 효과를 줌

26 ③

사용자가 정의한 태그를 사용할 수 있는 언어는 XML임

27 ④

 는 'Non Breaking Space'의 약자로, HTML 문서에서 공백을 나타냄

> 오답 피하기

- ① &lt : 부등호(<) 괄호 표시
- ② &gt : 부등호(>) 괄호 표시
- ③ &amp : & 기호 표시

28 ①

〈Hn〉 태그의 n값은 1~6까지이며 작을수록 큰 글자로 나타남

29 ②

〈EMBED〉는 웹 문서에 외부 리소스를 삽입하여 재생하는 데 사용되는 태그

30 ④

CSS는 W3C에서 제시한 웹 표준으로, 웹 페이지의 레이아웃과 스타일을 정의하는 스타일시트 언어

> **오답 피하기**

- ① CGI : 서버 측에서 다른 컴퓨터 프로그램을 별도로 수행하여 그 결과를 홈페이지 상에서 받아보고자 할 때 사용하는 공용 인터페이스
- ② XML : SGML 언어의 축약된 형식으로 HTML처럼 태그 형태로 되어 있지만 HTML과 달리 사용자가 태그들을 확장시킬 수 있는 언어
- ③ ASP : 동적인 웹 문서를 제작하는 기술로 CGI의 단점을 보완

31 ④

애플릿은 자바 애플릿이라는 다른 기술이며, 최근에는 거의 사용되지 않음

32 ③

DHTML는 HTML, CSS, JavaScript를 결합하여 다이나믹한 웹페이지를 제작하는 기술

33 ③

자바스크립트 언어는 변수명, 함수명, 메소드명 등에서 대소문자를 구분

34 ①

스크립트는 '안녕하세요'라는 텍스트에 링크를 설정하고, 마우스 포인터를 그 위로 올릴 때(onMouseOver), 떨어질 때(onMouseOut), 클릭할 때(onClick) 각각 배경색(bgColor)이 변경되는 이벤트를 정의하고 있음

35 ③

confirm( )는 사용자가 [확인]이나 [취소]를 선택할 수 있는 대화상자를 생성하는 자바스크립트 내장함수

> **오답 피하기**

- ① String( ) : 주어진 값을 문자열로 변환하는 함수
- ② parseInt( ) : 문자열을 정수로 변환하는 함수
- ④ eval( ) : 문자열로 입력된 표현식을 실행하는 함수

36 ③

웹 레이아웃 디자인은 콘텐츠를 적절하게 배치시킨 구조 또는 형태를 뜻함

37 ③

웹 브라우저는 웹에서 정보검색을 위해 사용하는 것으로 웹페이지 저장 및 인쇄, 자주 방문한 URL 목록을 제공하고 저장하는 기능을 제공함. HTML 소스파일 수정 및 편집은 웹에디터를 이용

38 ②

쿠키는 웹사이트의 방문 기록을 사용자 측의 컴퓨터에 남겨두는 것으로, 주로 이메일 주소, 아이디와 비밀번호 등을 저장해 둠

39 ④

HTTP 503 Service Unavailable은 서비스 불가로 서버가 일시적으로 과부하 상태이거나 점검 중이어서 요청을 처리할 수 없을 때 표시됨

> **오답 피하기**

- ① HTTP 403 Forbidden : 요청한 리소스에 접근할 권한이 없을 때 발생
- ② HTTP 404 Not Found : 요청된 리소스를 찾을 수 없으며, 서버에 해당 URL이 존재하지 않을 때 발생
- ③ HTTP 500 Internal Server Error : 서버 내부에 오류가 발생하여 요청을 처리할 수 없을 때 발생(서버 설정 오류, 코드 오류, 서버 과부하 등)

40 ①

웹사이트 디자인은 사용자를 중심으로 제작하며, 사용자의 경험과 만족도를 최우선으로 고려함

41 ②

웹에서 서체는 사이트의 내용과 콘셉트(컨셉, Concept)에 맞는 서체를 일관성 있게 사용

42 ②

프레임은 정해진 시간에 정지된 프레임을 보여주는 방식으로 프레임 수를 높이면 시각적 깜박임 현상을 줄일 수 있음

43 ④

스토리보드는 웹사이트의 전체 구성과 요소의 배치를 나타내기 위해 작성하는 것으로 일종의 작업 지침서이면서 설계도임

44 ④

일러스트레이터(Illustrator)는 벡터 방식의 드로잉 프로그램으로 심벌, 마크 디자인 등의 작업에 사용됨

45 ③

래스터 그래픽스는 픽셀(Pixel)의 배열로 이미지를 표현하는 방식. 픽셀 그래픽스라는 용어는 사용되지 않음

46 ①

설문조사는 많은 사용자들의 의견을 짧은 시간 안에 수집할 수 있는 조사 방법

> **오답 피하기**

- ② 관찰 연구 : 사용자의 행동을 관찰하여 데이터를 수집
- ③ 포커스 그룹 : 표적 그룹과의 인터뷰를 통해 다양한 사용자 의견을 수집
- ④ 심층 인터뷰 : 개별적으로 깊이 있는 정보를 얻기 위한 방법

47 ①

UX 디자인이란 사용자의 행동 패턴을 분석하여, 제품이나 서비스가 사용자와 상호작용할 때 제공하는 전체적인 경험을 설계하고 디자인하는 것

48 ④

페르소나 설정을 위한 요소로는 행동 패턴, 심리적 특성, 인구 통계정보, 사용자 목표와 요구 사항 등이 있으며, 개인 지식 정보는 해당하지 않음

49 ①

히트맵(Heatmaps)은 웹사이트의 사용자 행동 분석, 데이터 패턴 인식 등에 사용되는 것으로 웹페이지에서 사용자가 클릭하거나 주목하는 영역을 색상으로 시각화하는 기법

오답 피하기

- ② 코호트 분석(Cohort Analysis) : 특정 시점에서 동일한 특성을 가진 사용자 그룹의 행동 패턴을 분석
- ③ 카드 정렬(Card Sorting) : 사용자가 정보구조를 이해하고 분류하는 방식을 파악하기 위해 사용하는 기법
- ④ 사용자 여정지도(User Journey Map) : 사용자가 웹사이트와 상호작용하는 상세한 여정을 분석하여 시각적으로 표현

50 ④

웹 로그는 웹 서버가 방문자들의 활동을 기록하는 데이터로, 스마트 기기 정보는 기록되지 않음

오답 피하기

- ① 웹 서버 방문자의 IP 주소 : 웹사이트 방문자의 인터넷 프로토콜(IP) 주소
- ② 방문 시간 : 웹사이트에 접속한 시간과 날짜
- ③ 페이지뷰(Page View) : 사용자가 특정 웹페이지를 열어본 횟수

51 ③

웹 디자인의 과정 : 프로젝트 기획(주제 결정, 스토리보드 제작) – 웹사이트 기획 – 웹사이트 구축(콘텐츠 제작, 웹에디터로 작성) 및 웹 출판(웹사이트에 업로드)

52 ③

고라우드(고러드, Gouraud) 쉐이딩은 3D 모델링에서 각 꼭지점(Vertex)에서 계산된 조명과 색상을 폴리곤의 내부로 보간하여 부드러운 음영 효과를 제공하는 쉐이딩 기법

오답 피하기

- ① 모델링(Modeling) : 오브젝트를 윤곽선에 따라 디자인하는 것으로, 3차원 좌표계를 사용하여 형상 모양을 표현하는 과정
- ② 플랫(Flat) 쉐이딩 : 음영색만으로 면 전체를 칠하는 방법으로 가장 단순함
- ④ 퐁(Phong) 쉐이딩 : 오브젝트의 각 점에 전달되는 빛의 양이 계산되어 부드러운 곡선 표현에 적합

53 ①

트위닝(Tweening)이란 애니메이션에서 처음과 끝 프레임 사이의 중간 단계 변화를 자동으로 생성하는 기능

54 ③

JPEG는 RGB 컬러와 CMYK 컬러를 지원하는 웹용 이미지 파일 포맷

오답 피하기

- ① GIF : 웹 브라우저에서 이미지의 일부를 투명하게 나타낼 수 있고 애니메이션 제작 가능
- ② PNG : 트루컬러를 지원, 이미지 변형 없이 원래 이미지를 웹상에 표현
- ④ BMP : 비압축 또는 무손실 압축을 사용하며, 주로 비트맵 이미지를 저장

55 ④

16만 7천 컬러 이상의 색상을 위해서는 24bit가 필요하며, 투명도를 나타내는 알파채널을 위해서 8bit가 필요함. 따라서 32bit가 필요함

56 ①

CIP(Corporate Identity Program)은 CI(Corporate Identity)를 관리하고 유지하기 위한 프로그램으로 CI 요소들을 체계적으로 조직하고 시각적으로 표현. 심벌마크, 로고 타입, 전용 색상, 전용 서체, 마스코트 등이 있음

57 ③

어포던스(Affordance)는 웹사이트나 앱에서 버튼을 보면 그것을 클릭할 수 있다고 생각할 수 있는 것처럼, 객체나 요소가 사용자에게 어떤 행동을 취할 수 있는지를 직관적으로 암시하는 속성

오답 피하기

- ① 피델리티 : 프로토타입과 실제 최종 제품의 유사성(충실도)
- ② 아이덴티티 : 기업의 본질, 특징, 가치 등을 포괄하는 근본적인 개념
- ④ 브레드크럼 : 웹사이트 내에서 현재 위치를 보여주는 탐색 시스템

58 ④

제안서에는 기본적인 프로젝트 계획과 전략이 포함되어야 하며, 구체적인 구조설계와 내비게이션 디자인은 주로 이후 단계에서 진행됨

59 ①

CBD SW개발 표준 산출물 관리 가이드에서는 총 25개의 필수 산출물을 도출함

60 ②

프로토타입은 실제 구현된 제품이나 시스템의 초기 버전으로, 문서화된 산출물이 아님

기출 예상문제 04회

2-68p

01 ④	02 ④	03 ①	04 ②	05 ④
06 ③	07 ②	08 ②	09 ②	10 ①
11 ②	12 ④	13 ②	14 ②	15 ②
16 ②	17 ①	18 ④	19 ①	20 ③
21 ②	22 ①	23 ④	24 ②	25 ②
26 ④	27 ④	28 ③	29 ④	30 ④
31 ④	32 ①	33 ②	34 ③	35 ④
36 ④	37 ④	38 ①	39 ④	40 ①
41 ①	42 ④	43 ③	44 ④	45 ④
46 ④	47 ①	48 ④	49 ②	50 ④
51 ①	52 ③	53 ②	54 ②	55 ④
56 ①	57 ④	58 ①	59 ④	60 ④

01 ④

디자인이라는 용어는 1920~1930년대 근대 디자인 운동 이후부터 사용되었음

02 ④

이념적 형은 실제적 감각으로 지각할 수는 없고 느껴지기만 하는 순수 형태

03 ①

보색대비는 서로 반대되는 색을 혼합하여 원래의 색보다 뚜렷해지고 채도가 높아 보이는 현상을 이용한 대비

오답 피하기

- ② 한난대비 : 차가운 색과 따뜻한 색을 배열할 경우 느껴짐
- ③ 동시대비 : 인접하거나 다른 색 안에 놓여있는 두 가지 색을 동시에 볼 때 일어남
- ④ 색상대비 : 비슷한 명도, 채도의 색이 인접해 있을 때 그 차이가 커 보임

04 ②

색의 명도는 검은색뿐만 아니라 흰색의 혼합에 따라서도 변화가 생김

05 ④

RGB(255, 255, 0)은 'R(빨강) + G(녹색) = Y(노랑)'이며, CMY(255, 255, 0)은 'C(사이안) + M(마젠타) = B(파랑)'

06 ③

주목성이란 색 자체가 명도나 채도가 높아서 시각적으로 빨리 눈에 띄는 성질. 따뜻한 난색, 명도와 채도가 높은 색일수록 주목성이 높음

07 ②

강조는 단조로움을 피하기 위해 일부 요소를 다르게 표현하는 것

오답 피하기

- ① 반복 : 형태를 한 번 이상 주기적, 규칙적으로 배열하는 것
- ③ 점이 : 반복의 크기나 색채, 단계 등에 일정한 변화를 주어 동적인 효과를 주는 것
- ④ 율동 : 일정한 패턴이나 주기를 통해 시각적인 흐름을 이룬 것

08 ②

적색 계통의 색은 따뜻한 느낌을 주어 난색이라고 하며, 난색은 앞으로 튀어나오는 진출과 색의 면적이 실제 면적보다 크게 느껴지는 팽창이 나타남

09 ②

히스토그램(Histogram)이란 이미지의 명암 값과 프로필을 보여주는 도구로 X축은 0~255까지의 픽셀의 밝기, Y축은 픽셀의 빈도수를 나타냄

10 ①

우리가 눈으로 인식할 수 있는 빛은 가시광선

11 ②

동화현상은 다른 색의 영향을 받아 인접되어 있거나 둘러싸여 있는 색상과 비슷하게 보이는 것. 무채색의 주변에 유채색으로 비슷한 색이 많이 배치되거나 한 가지 색 주위에 같은 색이 많을 때 일어남

12 ④

그림은 비대칭(Asymmetry)을 나타냄. 비대칭은 대칭이 아닌 상태지만 비중이 안정된 것으로 디자인에서 균형을 이루면서도 시각적 흥미를 유발함

오답 피하기

요소의 전체와 부분을 연관시켜 상대적으로 설명하는 것은 비례에 해당함

13 ②

황금분할이란 황금비율로 나눈 것으로, 작은 부분과 큰 부분의 비가 큰 부분과 전체의 비와 같아지는 비례로, 1:1.6184의 비율로 나눈 것

14 ②

주로 따뜻한 색(난색)이 식욕을 돋우어주며, 차가운 색(한색)은 식욕을 저하시킴

15 ②

색채 조화는 색의 배색이 조화롭게 이루어지는 것을 의미함. 고채도의 색을 이용한다고 해서 색채의 효과가 높아지지는 않음

16 ②

반대 색상의 배색은 색상환에서 색상환에서 서로 반대편에 위치한 색을 배색하는 것으로, 강조되고, 명쾌하고, 선명한 느낌을 줌

오답 피하기

안정된 느낌을 주는 배색은 주로 유사한 색상이나 중간색을 사용함

17 ①

난색인 노란색은 진출색이고 한색인 파란색은 후퇴색. 진출색인 노란색이 후퇴색인 파란색보다 진출되어 보여서 더 가깝게 느껴짐

18 ④

동시대비란 인접하거나 다른 색 안에 놓인 두 색을 동시에 볼 때 서로의 영향을 받아 색상이 다르게 보이는 현상으로, 색상대비, 명도대비, 채도대비, 보색대비 등이 있음

19 ①

일반색명은 감성적으로 느껴진 느낌을 수식어로 덧붙여 사용하는 방법으로 명도, 채도에 대한 수식어를 붙여 표현함

오답 피하기

②, ③, ④는 관용색명에 대한 설명

20 ③

먼셀 표색계에서는 명도 단계는 검정을 0, 흰색을 10으로 하여 총 11단계로 구분

21 ②

오스트발트 표색계는 한 색상에 포함되는 색을 B(검정 비율) + W(흰색 비율) + C(순색량) = 100%가 되는 혼합비로 규정하여 구성

오답 피하기

색상(Hue), 명도(Value), 채도(Chroma)로 표시하는 것은 먼셀 표색계. 먼셀 표색계는 색의 3속성을 HV/C로 축약해서 표시

22 ③

래스터 이미지는 이미지가 픽셀로 구성된 비트맵 이미지이며, 일러스트레이터에서 주로 사용되는 이미지 형식은 벡터 이미지

23 ④

픽셀이 표현할 수 있는 색의 수, 즉 색심도가 클수록 많은 색상을 표현할 수 있음

24 ②

래스터라이징(Rasterizing)은 벡터 방식의 이미지를 비트맵 방식의 이미지로 전환하는 작업이며 포토샵과 일러스트레이터를 함께 사용할 때 자주 사용하게 되는 기능

25 ②

픽토그램은 상징문자로 사람들이 대상에 대해 쉽게 알 수 있도록 그림으로 나타낸 문자

26 ④

윤곽선(Outline)을 흐리게 조절하는 것은 이미지 편집 과정

27 ④

타이포그래피의 가독성을 향상하는 요소로는 폰트(서체), 자간, 여백과, 행간, 폰트 크기 등이 있음

28 ③

HTML을 이용하여 제작한 웹페이지의 문서 확장자는 *.htm 또는 *.html

29 ④

〈BODY bgcolor="#000000"〉은 HTML 문서의 배경 색상을 검정으로 지정한 것임. RGB 값을 16진수 두 자리로 표현한 것으로 #000000은 R=00, G=00, B=00을 의미함

30 ③

ASP, JSP, PHP는 서버 상에서 실행되어 그 결과만을 HTML 문서로 만들어서 웹 브라우저로 보내주며, JavaScript는 소스 코드가 HTML문서 중에 포함되어 사용자의 브라우저에서 직접 번역되어 수행됨

31 ④

자바스크립트는 컴파일러에 의해 번역되지 않고 스크립트 해석기에 의해 실행되는 언어. HTML 문서에 내장되어 사용됨. HTML로 웹페이지를 작성할 때 HTML 코드 안에 포함시켜 작성할 수 있음

32 ①

fun_define()은 JavaScript에 없는 함수이나, 사용자 정의 함수로는 사용될 수 있음

33 ②

자바스크립트 변수명은 영문 대소문자, 숫자, 밑줄(_)을 사용할 수 있으며, 첫 글자는 반드시 영문자나 밑줄로 시작해야 함

34 ③

자바스크립트에서 이벤트(event)는 사용자의 동작(클릭, 키 입력, 마우스 움직임)이나 시스템에서 발생하는 특정 상황을 의미함. 이벤트 핸들러(event handler)는 이러한 이벤트가 발생했을 때 이를 처리해 주는 코드

35 ②

〈p〉 요소는 왼쪽으로 정렬되고, 그 안의 텍스트가 오른쪽으로 정렬됨

36 ④

드림위버는 웹 개발 도구이며, 이미지 최적화 작업에는 적합하지 않음. 이미지 최적화는 포토샵과 같은 이미지 편집 소프트웨어를 사용함

37 ④

PSD는 포토샵 기본 파일 포맷

38 ①

웹 서버는 '클라이언트 측 웹 브라우저가 서버에 연결을 설정 → 클라이언트가 서버에 HTTP 요청(웹페이지 또는 리소스 요청) → 서버는 클라이언트의 요청을 처리 후 클라이언트에게 HTTP 응답 → 서버가 응답을 완료한 후 연결 종료'의 과정

39 ④

위지윅(WYSIWYG)은 What You See Is What You Get의 약어로 소스 코드 결과물을 직관적으로 미리 보여주는 기능

40 ①

UI 그룹화는 UI 디자인에서 관련된 요소들을 논리적으로 묶어 하나의 그룹으로 만드는 것으로, 사용자에게 일관되고 직관적인 경험을 제공

41 ①

고정형 너비 레이아웃은 웹페이지 너비가 픽셀 단위로 고정되어 있으며, 화면 크기에 따라 유동적으로 변하지 않음

42 ①

화면의 사이즈는 사용자의 디바이스와 해상도를 고려하여 설정. 대부분의 사용자가 사용하는 해상도를 기준으로 하면, 다양한 디바이스에서 최적화된 레이아웃을 제공할 수 있음

> **오답 피하기**
- ② : 프레임 구조를 사용하기보다 반응형 디자인을 이용하여 일관성을 유지함
- ③ : 안전영역 안에 중요한 메뉴가 위치하도록 함
- ④ : 메뉴 바와 내비게이션 바의 위치와 디자인은 일관되게 유지함

43 ③

플렉스 박스(Flex Box)는 CSS 레이아웃 모듈로 웹페이지의 레이아웃을 효율적으로 만들기 위해 사용함

> **오답 피하기**
- ① 컨테이너(Container) : 그리드를 감싸는 기본 구조 요소
- ② 컬럼(Column) : 그리드를 구성하는 수직 블록
- ④ 거터(Gutter) : 컬럼과 컬럼 사이의 간격

44 ④

허니콤 모델은 UX 디자인의 구성요소와 우선순위를 설정하는 데 도움을 주는 것으로 사용자 중심의 경험을 제공하고, 사용자 만족도와 참여를 높이기 위해 디자인 프로세스 전반에 적용

45 ④

테스트 및 디버깅은 웹 디자인 과정 중 유지 및 관리 과정에 해당함

46 ④

경쟁사 분석은 자사 웹사이트의 경쟁력을 제고하고 시장의 흐름을 파악하기 위한 과정

웹사이트 콘텐츠는 저작권이 있으므로 경쟁사 사이트의 콘텐츠를 무단으로 사용하면 안 됨

47 ①

공감(Empathize) 단계는 사용자의 필요와 문제를 이해하고 공감하는 단계로서, 인터뷰, 관찰, 설문조사 등을 통해 사용자의 행동과 의견을 조사하고 분석

• ② 정의(Define) : 사용자와의 공감을 바탕으로 문제를 명확히 파악하고, 이를 구체적인 문제 진술문으로 작성하는 단계
• ③ 아이디어 도출(Ideate) : 다양한 아이디어를 도출하는 단계로, 브레인스토밍, SCAMPER 등 아이디어 발상법 활용
• ④ 테스트(Test) : 사용자와의 상호작용을 통해 프로토타입을 테스트하고, 사용성, 기능성 등을 평가하는 단계

48 ④

테스팅과 최종 런칭 단계에서 웹사이트의 사용성을 테스트하고, 피드백을 반영하여 수정 작업을 진행

49 ②

형성적 사용 적합성 평가란 사용자 경험을 중심으로 웹사이트의 효과성을 평가하는 것으로 정보의 효율성, 작업의 효율성, 사용자 만족도, 직관성, 접근성, 응답성 등을 평가

50 ④

컷아웃 애니메이션은 그림을 사용해 동작을 만들어내는 가장 단순한 방법

51 ①

클리핑(Clipping)은 렌더링의 과정에서 디스플레이 밖에서 오브젝트의 보이지 않는 부분을 처리하는 기법

52 ③

프랙탈 모델(Fractal Model)은 구름, 바다 물결, 소용돌이, 연기, 산, 강 등의 불규칙적인 성질을 나타낼 때 사용

• ① CSG(Constructive Solid Geometry) : 솔리드 모델링의 한 종류로 기본적인 3D 형상을 결합하거나 절단하여 새로운 복잡한 형상을 생성
• ② 솔리드(Solid) 모델링 : 오브젝트의 내부까지 꽉 채워진 고형 모델로 내부가 보이지 않는 덩어리로 이루어진 입체를 표현
• ④ 와이어프레임(Wire-Frame Modeling) : 점과 선으로 오브젝트의 골격만 표현

53 ②

아이디어 스케치는 프로젝트 초기 단계에서 기획 의도에 정의된 추상적인 목표와 방향을 빠르게 그림으로 표현하는 것

• ① 섬네일(Thumbnail) : 작은 크기의 이미지로, 주로 여러 아이디어나 디자인 옵션을 한 눈에 보기 위해 사용
• ③ 와이어프레임(Wireframe) : 웹페이지나 앱의 레이아웃을 설계할 때 사용되는 구조적 도면
• ④ 목업(Mockup) : 와이어프레임보다 더 정교하게 디자인된 시각적 모델

54 ②

A/B 테스트는 사용자에게 두 가지 다른 버전(A와 B)의 페이지나 요소를 제공한 후, 각 버전에 대한 사용자의 행동과 반응을 측정

• ① 사용자 여정 분석 : 사용자가 제품을 처음 접한 순간부터 사용을 끝낼 때까지의 모든 과정을 추적하고 분석
• ③ 웹 로그 분석 : 웹 로그 분석이란 웹 서버가 서버 측에 파일 형태로 기록한 활동 데이터를 분석하는 것
• ④ 설문조사 : 사용자의 태도와 생각을 설문지를 통해 수집하여 분석

55 ④

제안요청서(RFP, Request for Proposal)는 발주기관이 제안서 제출을 요청하기 위해 작성한 문서로, 기술 공급업체에게 제안서 제출을 요청하기 위한 것

56 ①

웹페이지 저작은 코딩을 포함해 디자인, 사용자 경험, 콘텐츠 작성 등도 중요함

57 ④

Figma는 실시간 협업 및 디자인 시스템 관리, 프로토타이핑 도구

58 ①

프로젝트 최종 보고서의 주된 목적은 프로젝트의 모든 결과를 종합적으로 정리하고, 이를 체계적으로 문서화하여 향후 참고자료로 활용할 수 있게 하는 것

59 ④

인적 자원 관리 계획서는 프로젝트 관리에 해당하는 문서이지만, CBD SW 개발 표준 산출물 목록에는 포함되지 않음

• ① 요구사항 정의서 : 프로젝트의 기능 및 요구사항을 정의한 문서
• ② 아키텍처 설계서 : 시스템 아키텍처를 설계한 문서
• ③ 컴포넌트 설계서 : 시스템 컴포넌트 간의 상호작용을 설계한 문서

60 ④

Post-Production은 후반 제작 단계로서 기본 사항이 완료된 후의 작업과 사이트 홍보, 홍보 콘텐츠 제작 등이 해당됨

01 ①	02 ④	03 ③	04 ③	05 ②
06 ④	07 ②	08 ④	09 ③	10 ④
11 ②	12 ③	13 ①	14 ③	15 ②
16 ④	17 ④	18 ③	19 ③	20 ②
21 ②	22 ①	23 ③	24 ①	25 ④
26 ④	27 ④	28 ③	29 ①	30 ②
31 ③	32 ④	33 ①	34 ④	35 ④
36 ②	37 ③	38 ②	39 ③	40 ④
41 ④	42 ④	43 ③	44 ②	45 ④
46 ①	47 ③	48 ①	49 ②	50 ③
51 ③	52 ④	53 ④	54 ④	55 ②
56 ①	57 ③	58 ④	59 ④	60 ③

01 ①

색광의 혼합은 빛의 혼합으로 가산혼합이며, 혼합할수록 명도가 높아짐

02 ④

뉴턴은 프리즘을 통과한 빛이 파장에 따라 굴절하는 각도가 다른 성질을 이용하여 순수 가시광선을 얻음

오답 피하기

- ① 헤링 : 빨강 – 초록, 파랑 – 노랑 반대색설 주장
- ② 헬름홀츠 : RGB 삼원색설 주장
- ③ 돈더스 : 원색은 망막층, 다른색은 대뇌 피질층에서 지각된다는 색지각설 주장

03 ③

진출색은 앞으로 전진하는 것처럼 느껴지는 색으로 따뜻한 색, 명도, 채도가 높은 색이 진출하는 것처럼 느껴짐

04 ③

관용색명은 관습적이거나 연상적인 느낌으로 이름을 붙이는 방법으로 인명, 지명, 원료, 자연 등에 따라 이름이 붙여짐

05 ②

황색(노랑색)은 주목성이 높아서 금지선, 추월선, 주의 표시에 사용됨

오답 피하기

- 적색 : 정열, 자극, 위험을 상징
- 녹색 : 평화, 희망, 안전을 상징
- 적자색 : 화려함, 애정, 예술적 기질을 상징

06 ④

현색계는 색체계에서 색상·명도·채도에 따라 표준색표를 정해 표시하는 것

오답 피하기

색체계에서 심리적, 물리적 빛의 혼색 실험 결과에 기초를 두고 표시하는 것은 혼색계임

07 ②

RGB는 웹과 디지털 스크린에서 사용되는 기본 컬러 모델

08 ④

디자인은 수립한 계획을 목적에 맞게 설계하고 발전시켜 나가는 것으로 대상과 용도, 목적에 맞게 물품의 모양과 색채를 도안하는 실체적인 행위

09 ③

합목적성이란 디자인이 대상과 용도, 목적에 맞게 설계되는 것

10 ④

강조는 시각적 요소 일부를 다르게 표현하여 단조로움을 피하고, 시각적 관심을 집중시키는 원리

오답 피하기

- ① 조화 : 각 요소들이 서로 잘 어울리고 조화롭게 결합되어 전체적인 일관성을 이루는 것
- ② 통일 : 하나의 규칙으로 단일화시키는 것
- ③ 율동 : 규칙적인 특징을 반복하거나 교차시키는 데서 비롯되는 움직임의 느낌

11 ②

고명도이면서 유사 명도의 배색은 시각적으로도 산뜻한 느낌을 줄 수 있어, 긍정적인 인상을 심어줌

오답 피하기

- ① : 반대 채도의 배색은 활기나 활발함을 느끼게 함
- ③ : 반대 명도인 무채색과 유채색의 배색은 가시성을 높여줌
- ④ : 중명도의 비슷한 색상의 배색은 불분명한 느낌, 차분한 느낌을 들게 함

12 ③

병치혼합은 선이나 점이 조밀하게 교차·나열되었을 때 마치 인접한 색과 혼합된 것처럼 보이는 현상

13 ①

Indexed Color Mode는 이미지에 사용된 색상 중 256가지의 색상을 선별하여 이미지를 구성하는 색상 체계

오답 피하기

- ② : Grayscale Color Mode
- ③ : RGB Color Mode
- ④ : CMYK Color Mode

14 ③

빨간색은 채도는 높고, 명도는 채도에 비해 낮음. 빨간색이 가장 뚜렷해 보일 수 있는 배색은 채도와 명도의 차이가 클수록 효과적이므로, 회색을 배경색으로 해야 빨간색이 더욱 선명하고 뚜렷해 보이게 됨

15 ②

중량감에는 명도가 가장 크게 작용함

16 ④

통일성은 디자인 요소들이 함께 어우러져 하나의 전체로 인식되도록 만드는 것으로, 요소들을 분리시키는 것은 오히려 통일성을 방해함

17 ④

각도와 방향의 착시는 사선에 의해 평행선이 기울어져 보이거나, 분리된 사선이 각도가 어긋나 보이는 착시

오답 피하기
- ① 길이의 착시 : 화살표의 방향에 따라 길이가 달라 보임
- ② 대비의 착시 : 주변의 환경의 대비로 인해 크기나 면적이 다르게 보임
- ③ 분할의 착시 : 분할된 선, 면이 분할되지 않은 것보다 더 길게 보임

18 ③

연변대비는 경계선 부분에서 색상대비, 명도대비, 채도대비가 더 강하게 일어나는 것으로 경계대비라고도 함

오답 피하기
- ① 면적대비 : 면적의 크기에 따라 색상이 다르게 느껴지는 현상
- ② 보색대비 : 보색이 되는 색상이 인접한 경우 서로 영향을 받아 채도가 선명해 보이는 현상
- ④ 한난대비 : 차가운 색과 따뜻한 색을 배열한 경우 차가운 색은 더 차갑게, 따뜻한 색은 더 따뜻하게 느껴지는 현상

19 ③

채도는 /0, /2...,/14와 같이 2단계씩 구분되며, 바깥쪽으로 갈수록 채도가 높아지고 안쪽으로 갈수록 낮아짐

오답 피하기
- ① : 먼셀 표색계에서 색의 밝고 어두운 정보를 의미하는 것은 명도로, 명도는 검정을 0으로 흰색 10으로 표기함
- ② : 먼셀 표색계에서 여러 유채색을 정원 모양으로 배열하여 표현한 것은 색상
- ④ : 5R4/12은 5R 빨강색, 명도 4, 채도 12인 색상을 의미함

20 ②

포털 사이트에 있는 이미지를 사용할 경우 저작권 침해의 우려가 있음

21 ②

공표권은 저작인격권 중 하나로, 저작자가 저작물의 공표 여부와 시기를 결정할 권리. 저작권법 제31조에 따르면, 저작자가 공표하지 않은 저작물을 도서관, 박물관 등 공공 도서관에 기증할 경우, 별도의 의사를 표시하지 않는다면 기증한 때에 공표에 동의한 것으로 간주함

오답 피하기
- ① : 저작인격권은 타인에게 양도가 불가능함
- ③ : 저작인격권은 저작자가 자신의 저작물에 대해 가지는 비재산적 · 인격적인 권리
- ④ : 저작재산권은 저작자가 생존하는 기간과 사망 후 70년 동안 보호받음

22 ①

웹페이지의 배경 이미지의 과도한 반복은 웹페이지를 혼란스럽게 만들고, 가독성을 저하시켜 사용자가 콘텐츠를 이해하기 어려워질 수 있음

23 ①

디더링(Dithering)은 제한된 컬러를 사용하여 높은 비트의 컬러 효과처럼 표현하기 위해 사용하는 것으로, 디더링을 사용하면 이미지 용량이 증가됨

오답 피하기
- ② GIF 사용 : GIF 포맷은 색상의 수가 256로 제한되고 이미지 용량이 감소됨. 색상 수 제한으로 이미지 품질도 낮아질 수 있음
- ③ 이미지 팔레트 색상 줄이기 : 이미지의 색상 팔레트의 색상 수를 줄이는 것으로 이미지 용량이 감소됨
- ④ 이미지 해상도 낮추기 : 이미지 해상도를 낮추면 픽셀 수가 감소하여 이미지 용량이 감소됨

24 ①

웹 브라우저는 특정 웹사이트에 따른 보안 수준은 설정할 수 있지만 웹페이지 자체의 보안을 제공하지는 않음

25 ④

'HTTP 503 Service Unavailable'은 서버가 일시적으로 과부하 상태이거나 점검 중이어서 요청을 처리할 수 없을 때 표시됨

오답 피하기
- ① HTTP 403 Forbidden : 접근이 금지된 파일을 요청하거나 파일이 삭제된 경우 표시됨
- ② HTTP 404 Not Found : 존재하지 않는 파일을 요청한 경우 표시됨
- ③ HTTP 500 Internal Server Error : 서버 내부에 오류가 발생하여 요청을 처리할 수 없을 때 표시됨

26 ②

〈h1〉에서 〈h6〉까지의 태그는 HTML에서 제목(heading)을 표시할 때 사용. 〈h1〉은 가장 큰 제목을, 〈h6〉은 가장 작은 제목을 나타냄

오답 피하기
- ① 〈title〉 : 웹브라우저의 탭에 표시되는 문서의 제목을 설정
- ③ 〈header〉 : 페이지나 섹션의 머리글을 나타냄
- ④ 〈section〉 : 기사, 섹션별 페이지 등 문서의 섹션을 나타냄

27 ④

〈OL〉, 〈UL〉, 〈LI〉는 목록 태그지만 〈BR〉는 줄을 바꿀 때에 사용하는 태그

오답 피하기
- ① 〈OL〉 : 순서가 있는 목록 작성
- ② 〈UL〉 : 순서가 없는 목록 작성
- ③ 〈LI〉 : 〈OL〉, 〈UL〉과 함께 사용되며 목록 각각의 내용을 정의

28 ③

〈li〉 태그는 웹페이지에서 순서가 없는 목록을 만들며, 블록(block) 요소로서 각 항목은 새로운 줄로 분리되어 나타남

오답 피하기
수평으로 정렬된 박스 메뉴로 나타나게 하려면 CSS 스타일을 적용시켜야 함

29 ①

〈a〉 태그는 앵커(Anchor)라는 의미로 하이퍼링크를 생성할 때 사용. #top은 문서 내의 특정 위치(상단)를 가리키는 앵커로, 사용자가 '문서 상단으로 이동' 텍스트를 클릭하면 브라우저는 #top 앵커가 위치한 곳으로 이동하게 됨

오답 피하기
- ② : 〈button〉 태그는 클릭 가능한 버튼을 생성함
- ③ : 〈span〉 태그는 요소를 그룹화하거나 스타일을 적용하기 위해 사용
- ④ : 〈label〉 태그는 폼 요소와 연결된 라벨(설명)을 만듦

30 ②

회원 가입 폼에서 필수 입력 항목으로는 성명, 아이디, 비밀번호, 생년월일, 이메일 주소 등이 있음

31 ③

자바스크립트(JavaScript)는 브라우저에서 독립적으로 실행되며, 특정 플랫폼에 종속되지 않음

32 ④

자바스크립트의 연산자 중에서 괄호(), 대괄호[ ] 연산자는 우선순위가 가장 높음

오답 피하기
자바 연산자 우선순위 : ()(괄호) → /(산술연산 나눗셈) → +(산술연산 덧셈) → 《(비교연산)

33 ①

opener는 현재 창을 열게 한(생성한) 창(부모창)을 참조하는 것으로 opener. close()는 현재 활성화된 창을 열게 한 창을 닫게 함

34 ④

자바스크립트 변수명은 영문 대소문자, 숫자, 밑줄(_)을 사용할 수 있으며, 첫 글자는 반드시 영문자나 밑줄로 시작해야 함

35 ④

alert() 함수는 자바스크립트의 내장함수로, 브라우저에 사용자에게 정보나 경고 메시지를 전하기 위한 대화상자를 표시

36 ②

CSS는 W3C에서 제시한 웹 표준으로, 웹페이지의 레이아웃, 색상, 글꼴 등의 스타일을 정의하는 데 사용됨

오답 피하기
웹페이지와 사용자 간의 상호작용, 애니메이션 동작 등 요소들이 요구사항에 따라 동작이 가능하도록 동작에 대한 명령을 표준화한 것은 자바스크립트 라이브러리인 jQuery에 대한 설명에 가까움

37 ③

CGI(Common Gateway Interface)는 웹 서버가 사용자로부터 데이터를 입력받아, 이에 따라 동적으로 웹 페이지를 생성하고 응답하는 기법. CGI는 웹 서버와 웹 프로그램 간의 인터페이스 역할을 함

38 ②

와이어프레임은 전체적인 주요 UI 요소의 배치를 보여주기 위해 작성하는 것으로, 간단한 선과 도형을 사용하여 페이지의 요소들이 어떻게 배치될지를 보여줌

39 ③

웹페이지 레이아웃을 디자인할 때는 중요한 콘텐츠를 먼저 배치하고, 사용자가 콘텐츠에 쉽게 접근할 수 있도록 구성

40 ④

오답 피하기
- ① : 유동형 레이아웃은 다양한 화면 크기와 브라우저 창에 맞추어 조정되어야 하므로 구현이 복잡함
- ② : 유동형 레이아웃은 픽셀(px) 단위가 아닌 퍼센트(%) 단위로 설정됨
- ③ : 화면 크기에 따라 유연하게 조정되지만, 너무 넓거나 좁을 때는 텍스트가 지나치게 길거나 좁아져 가독성이 떨어짐

41 ④

많은 수의 동영상 자동 재생은 사용자 경험을 방해하고, 페이지 로딩 시간을 늘림

42 ④

콘셉트 시각화 단계는 디자인 아이디어를 시각적으로 표현하는 단계이며, 코딩은 콘셉트 시각화 단계 이후 구현 단계에서 진행됨

43 ③

코호트 분석(Cohort Analysis)은 특정 시점에서 동일한 특성을 가진 사용자 그룹의 행동 패턴을 추적하고 분석하는 기법

오답 피하기
- ① 히트맵(Heatmaps) : 웹페이지에서 사용자가 클릭하거나 주목하는 영역을 색상으로 시각화하는 기법
- ② 카드 정렬(Card Sorting) : 사용자가 정보구조를 이해하고 분류하는 방식을 파악하기 위해 사용하는 기법
- ④ 사용자 여정지도(User Journey Map) : 사용자가 웹사이트와 상호작용하는 상세한 여정을 분석하여 시각적으로 표현

44 ②

웹디자인 과정은 '기획-설계-개발-출시-유지보수'로 이루어짐. 개발 단계에서는 웹사이트의 디자인을 실제로 구현하고, 서버 및 데이터베이스와의 상호작용을 포함한 모든 기능을 개발

45 ④

형성적 사용 적합성 평가는 사용자 피드백, 디자인 및 기능 개선, 응답성, 다양한 장치에서의 작동 여부, 직관성 평가 등에 중점을 둠. 사용자의 보안 의식을 평가하지는 않음

46 ①

웹사이트 분석은 사용자 인터페이스(UI)와 사용자 경험(UX)을 중심으로 기술력과 디자인, 서비스 목적과 활용도 등을 분석

오답 피하기
사용자에 대해서는 사용자의 요구와 행동을 분석

47 ③

비트맵 이미지는 벡터 그래픽보다 파일 용량이 상대적으로 큼

48 ①

PNG 파일 포맷은 이미지 내의 같은 패턴들을 축약하여 저장하고 이미지의 세부 정보는 버리지 않는 무손실 압축 기법을 사용함

49 ②

클리핑은 렌더링의 과정에서 디스플레이 밖에서 오브젝트의 보이지 않는 부분을 처리하는 기법

오답 피하기

플랫, 고러드(고러드), 퐁은 입체화된 오브젝트에 빛에 의해 생기는 음영(그림자)을 표현하는 쉐이딩(Shading) 기법

50 ③

컴퓨터 그래픽스는 물리적인 공간과 시간에 제약을 받지 않음

51 ③

L*a*b* 컬러는 CIE(국제조명위원회)에서 개발한 것으로, 장치 독립적이기 때문에 RGB나 CMYK 색 공간의 오차 보정에 활용

52 ④

XML 문서는 웹 표준 프로그래밍 언어로, HTML처럼 태그 형태로 되어있음. 별도의 플러그인 없이도 웹 브라우저에서 바로 해석되고 표시됨

53 ④

*.css는 웹페이지의 스타일과 레이아웃을 정의하는 외부 스타일시트 파일의 확장자

54 ④

개성적인 표현을 다양하게 사용하는 것은 웹디자인의 일부 요소일 수는 있지만, 정보전달에 있어 핵심적인 역할은 아님

55 ②

텍스트 자체는 단순한 정보 표시 요소로서, 직접적인 상호작용과 관련이 없음

56 ①

트렌드(Trend)는 특정 시기나 기간 동안 많은 사람들이 따르는 경향이나 흐름으로, 최신 트렌드를 반영하면 시장에서 차별화된 경쟁력을 확보할 수 있음

57 ③

최종 발표는 이해를 돕기 위해 쉬운 용어와 설명을 사용하도록 함

58 ④

'마르미IV'는 컴포넌트 기반 개발(CBD)을 활용하여 소프트웨어를 설계하고 구축하는 방법론으로, 프로젝트 재정 계획은 주요 초점이 아니며 직접적인 연관이 없음

59 ④

WBS(Work Breakdown Structure)는 프로젝트를 작은 구성요소로 분할하여 체계적으로 관리하는 방법

60 ③

프로젝트 계획서는 프로젝트의 일정, 자원, 비용 등을 계획하고 관리하기 위해 프로젝트 과정 중 작성되고 제출되는 문서

오답 피하기

• ① 제안서 : 공급업체가 발주기관의 제안요청서(RFP)에 응답하여 프로젝트 수행 방법과 견적을 제시하는 초기 단계 문서
• ② 제안요청서 : 발주기관이 프로젝트에 대한 제안과 견적을 요청하기 위해 작성하는 초기 단계 문서
• ④ 최종 보고서 : 프로젝트 완료 시점에 작성되어 프로젝트의 결과와 평가를 기록하는 문서

기출 예상문제 06회

2-84p

01 ①	02 ①	03 ④	04 ①	05 ③
06 ①	07 ①	08 ④	09 ①	10 ①
11 ③	12 ②	13 ③	14 ②	15 ①
16 ④	17 ①	18 ①	19 ②	20 ③
21 ①	22 ④	23 ①	24 ②	25 ①
26 ②	27 ③	28 ③	29 ①	30 ③
31 ③	32 ②	33 ④	34 ③	35 ②
36 ③	37 ②	38 ①	39 ③	40 ③
41 ①	42 ③	43 ②	44 ③	45 ③
46 ②	47 ①	48 ④	49 ④	50 ②
51 ②	52 ②	53 ③	54 ③	55 ①
56 ②	57 ③	58 ②	59 ②	60 ②

01 ①

색을 감지하고 인식하기 위해서는 빛의 원천(광원), 빛을 반사하거나 흡수하는 사물(물체), 색의 대비, 색을 감지하고 해석하는 기능(시각)이 필요함

02 ①

명도대비는 밝고 어두운 색상의 차이에서 발생하는 대비로, 사람의 눈이 가장 예민하게 반응함

03 ④

주목성이란 색 자체가 명도나 채도가 높아서 시각적으로 빨리 눈에 띄는 성질로, 따뜻한 난색, 명도와 채도가 높은 색일수록 주목성이 높음

04 ①

비례는 요소의 전체와 부분을 연관시켜 상대적으로 설명하는 것으로 크기와 비율에 관련됨

05 ③

팽창 이동 패턴이란 규칙적인 특징을 반복하거나 교차시키는 데서 비롯되는 패턴이 점진적으로 팽창하며 이동하는 방식

06 ①

저채도의 배색은 부드럽고 차분한 느낌을 줌

07 ①

합목적성은 디자인이 대상과 용도, 목적에 맞게 이루어져 있는가를 의미함

오답 피하기

• 독창성 : 다른 제품과 차별화된 창조적인 디자인
• 심미성 : 형태와 색채가 조화를 이루어 아름다움의 성질을 만들어내는 것
• 경제성 : 사용 대상과 목적에 부합되는 합리적인 가격을 의미

08 ④

입체는 면의 집합으로 이루어짐

09 ①

접근성(근접성)은 비슷한 모양의 도형이 가까이 있는 것끼리 패턴이나 그룹으로 무리지어 보이는 원리

10 ①

먼셀 표색계에서는 빨강(R), 노랑(Y), 녹색(G) 파랑(B), 보라(P)를 기준으로, 중간 색상인 YR, GY, BG, PB, RP을 추가하여 총 10가지의 기본색으로 정함

11 ③

색광혼합에서 Red와 Green의 혼합은 Yellow가 됨

오답 피하기

• Blue + Green = Cyan
• Red + Blue = Magenta

12 ②

픽토그램(Pictogram)은 사물, 시설이나 행동을 쉽고 빠르게 이해할 수 있도록 상징화하여 나타낸 것

오답 피하기

• ① 캐릭터 : 브랜드나 제품을 의인화하여 시각적으로 표현한 상징물
• ③ 로고타입 : 브랜드나 제품을 서체나 디자인으로 표현한 시각적 상징물
• ④ 다이어그램 : 기호, 선, 점 등을 사용해 간략하면서 알기 쉽게 나타낸 도표

13 ③

라디오나 텔레비전, 휴대폰의 파장은 가시광선 범위 밖에 있는 다른 파장

14 ②

등비수열은 각 항이 이전 항에 일정한 비율을 곱한 형태로 나타남

오답 피하기

• ① 등차수열 : 각 항이 이전 항에 일정한 수를 더한 형태로 구성된 수열
• ③ 피보나치수열 : 첫 두 항이 0과 1이며, 이후의 각 항이 바로 앞의 두 항의 합으로 구성된 수열
• ④ 조화수열 : 각 항이 등차수열의 각 항의 역수로 구성된 수열

15 ①

유사 조화는 나뭇잎, 숲속의 나무 등 자연에서 찾아볼 수 있음

16 ④

강조의 원리는 단조로움을 피하기 위해 일부 요소를 다르게 표현하는 것

17 ①

대비는 서로 다른 영역에 차이를 주어 강조하는 것으로 음영이나 색상 등에 대비를 주면 강렬한 디자인을 제작할 수 있음

18 ①

고층 빌딩의 창문 크기나 고가도로의 난간 등에는 가까운 것은 크게, 먼 것은 작게 표현되는 원근감이 표현됨. 원근법을 적용하면, 요소들이 일정한 단계로 크기나 비율이 점차적으로 변화하여 점증이 나타나게 됨

19 ②

• 혼색계 : 물리적이고 심리적인 실험을 통해 빛의 혼합을 기초로 색을 규정하는 방법
• 현색계 : 색을 정량적 및 정성적으로 분류하여 정의하는 방법

20 ③

순색에 회색을 섞으면 채도가 낮아지고 명도도 변함

21 ①

파랑은 채도와 명도가 높은 색으로 선명하고 강한 색감을 가지며, 한색에 속해 차가운 느낌을 가짐

22 ④

Texturing이란 3D 모델링에서 표면에 질감을 추가하는 과정으로 타이포그래피의 구성요소에는 해당하지 않음

23 ①

안티 앨리어싱(Anti-aliasing)은 비트맵 이미지에서 픽셀이 사각형이기 때문에 곡선 부분에서 들쑥날쑥하고 거칠게 나타나게 되는 단점을 보완하기 위한 기능

24 ②

벡터 방식은 수학적인 계산을 이용하여 이미지를 표현하는 방식으로 픽셀을 이용하여 이미지를 구성하는 비트맵 방식에 비해 상대적으로 용량이 적음

25 ①

해상도는 이미지 크기의 기본 단위 당 들어가는 픽셀의 개수로 표현하며, 보통 ppi, dpi 단위를 사용함. 해상도가 높을수록 이미지를 더욱 세밀하게 표현할 수 있음

26 ②

디더링(Dithering)은 제한된 컬러를 사용하여 높은 비트의 컬러 효과처럼 표현하기 위해 사용하는 기능으로 이미지에 포함되지 않은 색상을 마치 이미지에 포함된 색상처럼 비슷하게 구성해 줌

27 ③

픽셀은 비트맵 방식의 이미지를 구성하는 최소 단위로 위치 정보와 색상 정보를 가짐

28 ③

인쇄용 광고 디자인 결과물을 만들어내는 작업은 시각디자인의 2차원 평면 디자인에 해당됨

29 ①

애니메이션은 정해진 시간에 여러 개의 정지된 화면을 보여주는 것으로, 정지된 화면 하나하나를 Frame이라고 함

30 ③

body {background-color: rgb(0, 0, 0);}은 검정색으로 설정함

31 ③

〈META〉 태그는 HTML 문서의 메타데이터를 제공하는 태그로, 문서의 내용, 키워드, 작성자, 캐릭터셋 등을 정의함. 브라우저 화면에는 직접적으로 표시되지 않음

오답 피하기
- ① 〈P〉 태그 : 문단을 정의하는 태그로 문단 형태로 표시됨
- ② 〈BODY〉 태그 : HTML 문서의 본문을 정의하며, 본문 내의 콘텐츠를 나타냄
- ④ 〈TITLE〉 태그 : HTML 문서의 제목을 정의하며, 브라우저 탭에 표시됨

32 ③

〈SUB〉 태그는 'Subscript'의 의미로 태그 사이의 문자를 아래 첨자로 표시

오답 피하기
위 첨자로 표시하려면 〈SUP〉 태그를 사용해야 함

33 ④

스타일시트(CSS)는 웹페이지의 레이아웃, 색상, 글꼴 등의 스타일을 정의하는 웹 표준으로 브라우저와 플랫폼에서 일관되게 작동함

34 ③

:hover는 하이퍼링크 위에 마우스를 올려놓을 때의 모양을 나타내는 CSS 가상 클래스로, HTML 태그로는 지정할 수 없음

35 ②

배경으로 사용될 이미지 파일을 지정하는 속성은 BACKGROUND임

36 ③

Dim 키워드는 주로 Visual Basic 프로그래밍 언어에서 변수를 선언하는 데 사용함

오답 피하기
지역변수는 'var'를 이용해 선언함

37 ②

자바스크립트 언어는 공백 문자를 포함할 수 없음

38 ①

window.setInterval() 함수는 일정한 간격을 두고 지정된 명령을 주기적으로 실행함

39 ③

브라우저 내장 객체인 document 객체는 웹페이지의 구성요소에 대한 속성과 메소드를 제공하며, document 객체의 bgColor 속성은 배경색을 설정하는 속성임. 웹 표준으로는 CSS 스타일 background-color를 사용해야 함

오답 피하기
window 객체는 브라우저 창의 정보와 관련된 객체

40 ③

GUI(Graphical User Interface)는 사용자가 명령어를 직접 텍스트로 입력할 필요 없이, 아이콘, 버튼, 메뉴 등 그래픽 요소를 이용하여 조작할 수 있게 해주는 인터페이스

41 ①

웹 서버는 HTTPD(HTTP Daemon)라는 프로세스를 실행하여 웹의 정보를 저장하고 지원하는 서버임. 웹 서버는 '연결 설정(클라이언트와 서버 사이의 연결) → 클라이언트가 HTTP 요청을 보내어 서버로 정보 요청 → 서버의 요청 처리 및 HTTP 응답 → 연결 종료' 순으로 동작함

42 ③

구조 설계를 통해 웹사이트의 정보구조를 정의하고, 콘텐츠가 어떤 방식으로 연결되고 내비게이션될지를 계획함

43 ②

콘셉트 도출은 웹사이트의 제작 단계 중 초반에 이루어져야 하는 것으로 사이트의 목적과 사용자 요구를 분석하여 전체적인 테마와 스타일, 레이아웃 등을 결정함. 이를 통해 일관성 있고 사용자 중심의 디자인을 구현할 수 있게 됨

44 ③

웹디자인 프로세스 중 경쟁사 분석은 시장 조사 단계에서 진행하는 것으로 경쟁사의 웹사이트와 관련된 다양한 요소를 분석하여 차별화 전략을 수립하기 위해 분석함. 경쟁사의 재무 상태표 및 손익 계산서 분석은 재무 분석에 해당하는 것으로 분석 범위에 해당하지 않음

45 ③

프로토타입 단계는 아이디어를 시각화하고 초기 모델을 제작하는 단계로, 아이디어의 실현 가능성을 확인하고 테스트할 수 있도록 함

46 ②

썸네일(Thumbnail)은 원본 이미지를 축소한 이미지를 의미하는 것으로, 초기 로딩 시간을 줄이고 필요한 경우에만 전체 이미지를 로드하도록 하여 웹페이지 성능을 향상시킬 수 있음

47 ①

동일성 유지권이란 저작가 자신의 저작물이 원본 그대로 유지되도록 보호받을 권리로, 건물의 증축은 저작권과 관련이 없음

48 ④

내비게이션 구조에는 Sequential structure(순차 구조), Grid structure(그리드 구조), Hierarchical structure(계층 구조), Network structure(네트워크 구조) 등이 있음

49 ④

로고(Logo) 제작은 해상도에 제한을 받아서는 안 되며 세밀한 곡선 처리가 필요한 작업임. 이러한 작업은 Adobe Illustrator와 같은 벡터 그래픽 디자인 도구를 활용함

50 ②

PNG는 투명도를 지원하는 비트맵 이미지 포맷으로, 8비트 알파채널을 통해 각 픽셀의 투명도를 조절할 수 있음

오답 피하기
- ① PDF(Portable Document Format) : Adobe Acrobat 문서 파일 포맷
- ③ PSD(Photoshop Document) : Adobe Photoshop 원본 파일 포맷
- ④ PPT(PowerPoint Presentation) : Microsoft PowerPoint 파일 포맷

51 ②

BMP는 비트맵 이미지를 저장하는 방식으로 파일의 용량이 가장 큼

52 ②

링크는 원하는 페이지로 이동할 수 있도록 해주어야 함. 웹페이지에서 링크를 한 곳으로만 지정하는 것은 사용자 경험(UX)을 저해함

53 ③

콘셉트를 시각화는 디자인 아이디어와 개념을 시각적으로 표현하는 과정으로, 빠른 정보 검색과는 직접적인 관련이 없음

54 ③

제스처(Gesture)란 터치스크린 UI를 사용하는 디바이스에서 사용자가 스와이프, 핀치, 탭등의 동작을 통해 기기와 상호작용하는 방식

오답 피하기
- ① 타임라인(Timeline) : 사용자가 경험하는 일련의 활동과 상호작용을 시간 순으로 나타낸 것
- ② 페인포인트(Pain Points) : 사용자가 경험하는 불편함이나 문제점
- ④ 터치포인트(Touch Points) : 사용자가 사용자 인터페이스(UI)와 상호작용하는 모든 접점

55 ①

인터랙션 설계란 사용자가 시스템과 상호작용하는 방식을 설계하는 과정으로, 주요 목표는 사용자가 시스템을 직관적이고 효율적으로 사용할 수 있도록 하는 것

56 ②

빠른 로딩 시간은 사용자가 불편함을 느끼지 않고 빠르게 웹사이트에 접근할 수 있게 하며, 사용자 경험(UX)에서 사용자의 만족도를 높이는 중요한 요소

57 ③

프로토타입 테스트는 사용자 테스트를 통해 피드백을 수집하는 과정. 이를 통해 제품의 문제점과 개선점을 발견하고, 디자인을 개선하여 최종 제품에 반영

58 ④

스토리보드는 웹사이트의 가상 경로를 예상하고 기획하는 도구로, 웹사이트의 구조와 흐름을 그림과 설명 등으로 시각화한 것

59 ②

웹페이지 제작 및 관리 순서는 '주제 결정과 구성도 작성(프로젝트 기획) → 자료수집과 정리(웹사이트 계획) → 홈페이지 제작(디자인 및 개발) → 웹 서버 업로드, 검색엔진 등록과 홍보(테스트 및 배포) → 내용 업데이트 및 유지보수 관리' 순으로 이루어짐

60 ②

브레드크럼(Breadcrumb)은 웹사이트 내에서 현재 위치를 보여주는 탐색 시스템으로, 사용자가 사이트 내에서 길을 잃지 않도록 돕는 역할을 함

오답 피하기
- ① 어포던스(Affordance) : 사용자가 특정 요소를 보고 어떤 행동을 할 수 있을지 직관적으로 이해하게 해주는 단서
- ③ 피델리티(Fidelity) : 프로토타입과 실제 최종 제품의 유사성(충실도)
- ④ 애자일 UX(Agile UX) : 애자일 방법론을 디자인 프로세스에 통합하여, 짧은 주기 내에 제품 버전을 반복적으로 개발하고 개선하는 방법

기출 예상문제 07회				2-92p
01 ③	02 ③	03 ②	04 ③	05 ④
06 ②	07 ③	08 ③	09 ①	10 ②
11 ②	12 ④	13 ②	14 ①	15 ③
16 ③	17 ③	18 ②	19 ③	20 ④
21 ②	22 ③	23 ②	24 ④	25 ②
26 ③	27 ②	28 ④	29 ③	30 ①
31 ①	32 ③	33 ③	34 ③	35 ①
36 ③	37 ③	38 ①	39 ④	40 ③
41 ④	42 ③	43 ③	44 ①	45 ②
46 ③	47 ③	48 ②	49 ①	50 ①
51 ②	52 ③	53 ④	54 ①	55 ②
56 ③	57 ①	58 ④	59 ③	60 ①

01 ③

굿 디자인은 합목적성, 경제성, 심미성, 독창성을 만족시킴으로서 외적 독창성과 편리성을 갖춘 디자인

02 ③

색청(색채 청각)은 음악과 같은 소리를 들을 때 느껴지는 색채의 느낌

오답 피하기
- ① 명시성 : 먼 거리에서도 뚜렷이 잘 보이는 성질
- ② 공감각 : 색을 통해 수반되는 미각, 후각 등의 감각
- ④ 주목성 : 색 자체가 명도나 채도가 높아서 시각적으로 빨리 눈에 띄는 성질

03 ②

빛을 사용하여 색을 표현하는 가산혼합에 해당됨

04 ③

감산혼합에서는 각 원색을 혼합해서 다른 색상을 만들 수 있지만, 이미 혼합된 색료를 다시 분리하여 원래의 원색으로 만드는 것은 불가능함

05 ④

일반색명은 색 이름에 '어두운', '연한' 등 색채의 톤이나 수식어를 덧붙여 사용하는 방법

오답 피하기

살구색, 개나리색, 레몬색은 특정 사물이나 자연 현상에 따라 이름을 붙이는 관용색명에 해당됨

06 ②

균형은 디자인 요소들이 부피, 중량 등 물리적인 구조와 색채에서 통일감과 안정감을 유지하며 평형상태를 이루어 시각적인 안정감을 이룬 것

07 ②

상관 요소란 개념 요소와 시각 요소 등 디자인 요소들의 결합에 의해 나타나게 되는 속성. 형태는 형이 연장 또는 발전되어 이루어지는 3차원적인 모습으로 시각 요소에 속함

08 ③

연변대비는 경계선 부분에서 색상대비, 명도대비, 채도대비가 더 강하게 일어나는 것으로 경계대비라고도 함

09 ①

게슈탈트의 시지각 원리는 근접, 유사, 폐쇄, 연속된 속성을 가진 형태들이 심리적으로 보기 좋다는 원리. 통일은 디자인 원리이며 게슈탈트의 시지각 원리에는 포함되지 않음

10 ②

먼셀의 표색계에서 명도의 단계는 0~10까지 총 11단계로 구분하며, 위로 갈수록 명도가 높아지고 아래로 갈수록 낮아짐

11 ②

계시대비는 연속대비라고도 불리며, 특정 색상을 오랫동안 바라본 후 다른 색상을 볼 때 느껴지는 대비 효과로 일종의 소극적 잔상 효과임

12 ④

색채 계획에는 색채 계획에서는 시각적 안정성, 사회적 맥락, 심미성이 중요한 고려 사항으로 여겨지며 도덕성은 직접적으로 관련이 없음

13 ②

황금비는 주어진 길이를 가장 이상적으로 나누는 비율로, 1:1.6184의 비율

14 ①

유기적인 선은 물체의 전체나 외부 모양에서 나타나는 자연적인 선으로 부드러움과 자유로운 느낌을 줌

15 ③

VR 가상현실은 3차원 가상공간에서 경험을 제공하는 기술

16 ③

사진의 망점, 인쇄상의 스크린 톤, 모니터 주사선은 기계적 질감이며, 대리석 무늬는 자연적 질감

17 ③

수술실에서 빨간색 피를 본 후 흰색을 보게 되면 녹색 잔상이 생겨 시야에 혼동이 올 수 있음. 따라서 수술실에는 빨간색의 계시대비 색인 녹색계열이 적합함

18 ③

모든 빛의 색을 합치면 흰색이 됨

19 ④

콘셉트를 시각화는 디자인 아이디어와 개념을 시각적으로 표현하는 과정으로 컬러, 이미지, 레이아웃, 타입 등의 디자인 요소가 활용됨. 코딩은 이후 구현 단계에서 진행됨

20 ④

웹은 문자 · 음성 · 동영상 등의 멀티미디어 환경을 갖춘 인터넷의 정보 서비스

21 ②

〈style〉 태그는 스타일시트(CSS) 코드를 포함하는 태그

22 ②

〈!--...--〉 태그는 주석을 기입할 때 사용함

23 ②

HTML은 'Hyper Text Markup Language'의 약자

24 ④

XML은 HTML처럼 태그 형태로 되어 있지만, HTML과 달리 사용자가 태그들을 필요에 맞게 만들어 확장시킬 수 있음

25 ②

VRML은 인터넷 상에서 3차원 가상공간을 표현하기 위한 언어로 HTML 문서와 호환됨

26 ③

〈body〉〈/body〉 태그는 HTML 문서의 몸체 부분의 시작과 끝을 의미함

오답 피하기

- ① 〈meta〉〈/meta〉 : html 문서의 메타데이터를 제공하는 태그
- ② 〈body〉 태그 : 문서의 헤더 부분을 나타내는 태그
- ④ 〈title〉 태그 : 〈table〉 태그 내에서 본문을 나타내는 태그

27 ②

〈BR〉 : 줄 바꿈을 나타내는 태그로, 한 줄을 띄어줌

오답 피하기

- ① 〈P〉 : 단락(Paragraph)을 나타내는 태그
- ③ 〈HR〉 : 수평선(Horizontal Rule)을 나타내는 태그
- ④ 〈DIV〉 : 구획(DIVision)을 나타내는 태그로 콘텐츠를 그룹화할 때 사용

28 ④

target값 중 _blank는 새로운 창에 하이퍼링크를 열고자 할 때 사용함

오답 피하기

• ① _self : 현재 창에 링크된 문서가 나타남
• ② _parent : 현재 창의 상위 창에 링크된 문서가 나타남
• ③ _top : 현재 창의 전체에 링크된 문서가 나타남

29 ②

DHTML은 스타일시트만으로는 작성되지 않으며, HTML, CSS, JavaScript 를 결합하여 동적인 웹페이지를 만듦

30 ①

자바스크립트는 사용자와의 상호작용을 포함한 대화형 웹 애플리케이션을 구축하는 데 사용됨

오답 피하기

보안 프로그램 설계는 보통 C, C++, Python 등의 언어로 수행

31 ①

%는 나머지 연산자로, X를 Y로 나눈 뒤에 남는 나머지를 반환함. 예를 들어 10%3의 결과는 1이 됨

오답 피하기

• ② X&Y : 비트 연산자, X와 Y의 비트 AND 연산을 수행
• ③ X=Y : 할당 연산자, Y의 값을 X에 할당
• ④ X/Y : 나눗셈 연산자, X를 Y로 나눈 몫을 반환

32 ③

split()은 지정한 구분자를 기준으로 문자열을 분할하여 배열로 반환

오답 피하기

③ 지정한 문자열을 검색하여 일치하는 문자열 반환하는 것은 match()

33 ③

코드는 HTML 문서 내에서 자바스크립트를 사용하여 경고 메시지를 표시
• function showAlert() : 경고 메시지를 표시하는 함수를 정의
• alert 함수 : 자바스크립트의 내장함수로, 브라우저에 경고 대화상자를 표시
• ⟨button onclick="showAlert()'⟩ : 버튼을 만들고, 해당 버튼이 클릭되면 showAlert() 함수가 실행되어 경고 메시지가 표시되도록 함

34 ③

내비게이션은 컨텐츠를 체계적으로 분류하여 이동이 편리하도록 연결해 둔 것으로 내비게이션 디자인 작업은 사용자가 웹 페이지를 쉽게 이동하고 탐색하며 정보를 빨리 찾을 수 있도록 함

35 ①

와이어프레임은 초기 설계 단계에서 사용되는 도구로, 페이지의 구조와 레이아웃을 간단한 선과 상자로 나타내며, 세부적인 시각적 디자인 요소는 포함하지 않음

36 ②

사이트 메뉴 바는 웹사이트에서 쉽게 이동할 수 있도록 사이트의 좌측이나 우측에 메뉴, 링크 등을 모아 놓은 것

37 ③

웹 브라우저는 인터넷을 탐색하고 웹페이지를 볼 수 있게 해주는 소프트웨어로 HTML, CSS, JavaScript 등 다양한 웹 기술을 해석하여 웹페이지를 표시함

38 ①

드림위버는 웹페이지 제작 도구로 시각적으로 웹페이지를 디자인하고 구축할 수 있음

39 ④

아이디어 스케치는 프로젝트 초기 단계에서 웹사이트의 주제에 맞는 컨셉을 이끌어내기 위해 종이 위에 여러 가지 아이디어를 빠르게 그림으로 표현해 보는 작업

40 ③

벤치마킹은 성공 사례를 똑같이 적용하는 것이 아니라, 성공 사례를 분석하여 개선 방안 도출하고 상황에 맞게 최적화하여 적용하는 것

41 ④

테스트 및 디버깅은 웹 디자인 과정 중 유지 및 관리 과정에 해당함

42 ③

웹 그래픽 이미지 제작은 '이미지 구상 → 툴 선택(그래픽 툴 선택) → 색상 선택(색의 혼합, 색상, 명도, 채도 조절) → 기능 선택(효과적인 이미지 표현) → 최종 이미지 표현' 순으로 이루어짐

43 ③

TIFF 파일은 고품질 인쇄용 이미지에서 사용되는 파일 포맷

44 ①

bit는 정보의 최소 단위로 0과 1의 값을 가짐

오답 피하기

• ② : 8bit는 256색의 표현이 가능
• ③ : 이미지를 이루는 최소 단위는 픽셀(pixel)
• ④ : 8비트는 십진수로 0~255 사이의 값을 나타낼 수 있음

45 ②

웹페이지는 다양한 사용자가 쉽게 사용할 수 있도록 사용자 중심으로 디자인함

46 ③

중요한 정보는 더 큰 폰트를 사용하여 강조하고, 덜 중요한 정보는 작은 폰트를 사용하여 시각적 계층구조를 만듦

오답 피하기

• ① : 프레임을 많이 사용하는 것은 권장되지 않음
• ② : 콘텐츠의 크기보다는 콘텐츠의 중요성과 관련성을 고려하여 배치함
• ④ : 적절한 크기의 고화질 이미지를 사용하고, 이미지 최적화를 통해 로딩 시간을 최소화함

47 ③

PNG 파일 포맷은 풀컬러 24비트를 지원하며 배경이 투명한 이미지를 만들 수 있음

48 ②

GIF는 컬러 수가 최대 256색으로 제한되어 있는 웹용 이미지 파일 포맷으로 색상이 단순한 그래픽에 효과적

49 ①

SEO(검색 엔진 최적화) 검색엔진에서 사이트의 순위를 높이기 위한 것으로, 웹 접근성과는 관련이 없음

50 ①

컷 아웃 애니메이션은 종이를 잘라낸 후, 각 종이들을 화면에 붙이거나 떼면서 일정한 모양을 만들어가며 조금씩 촬영하는 기법

> **오답 피하기**

- ② 스톱모션 애니메이션 : 한 프레임씩 따로 촬영한 후, 각 프레임을 연결하여 영사하는 기법
- ③ 투광 애니메이션 : 밑에서 조명이 투사된 테이블 위에 검은 종이나 점토 등의 절단 부분이나 틈에서 나오는 빛을 콤마 촬영하는 기법
- ④ 고우모션 애니메이션 : 기계 장치가 된 인형이나 제작물을 움직이게 하여 촬영하는 기법

51 ②

키프레임이란 대상물의 시작과 끝만 지정하고 중간 단계는 보통 보간법을 이용하여 자동으로 생성

52 ③

고정형 너비 레이아웃은 고정된 너비를 유지하면서 디자이너가 의도한 레이아웃을 정확하게 표현할 수 있지만, 다양한 화면 크기에 최적화되지 않음

53 ④

인터랙션 디자인은 사용자와 제품 또는 서비스 간의 상호작용을 설계하는 과정으로, 데이터 보안은 포함되지 않음

> **오답 피하기**

인터랙션 디자인은 사용자 흐름(User Flow), 피드백(Feedback), 제어(Control), 일관성(Consistency) 등을 설계

54 ①

정보체계화란 콘텐츠들을 체계적으로 정리하고 그룹화하는 과정. 정보체계화는 먼저 콘텐츠를 수집한 후 수집된 콘텐츠를 주제나 성격에 따라 그룹화함. 다음으로 그룹화된 콘텐츠를 체계적으로 조직하고 구조화하고, 구조화된 콘텐츠를 기반으로 계층구조를 설계함. 마지막으로 설계된 콘텐츠 구조를 테스트함

55 ②

사용자 저널은 사용자가 자신의 경험을 기록하는 일지로 사용자 행동 분석이 아닌 사용자 태도 분석에 활용

56 ③

페르소나는 사용자의 요구와 목표를 반영하여 설계된 가상의 프로필로 사용자 경험(UX) 개선을 위해 사용됨

57 ①

로우파이(Lo-Fi) 프로토타입은 기본적인 형태와 개념 정도만 포함하는 프로토타입으로, 와이어프레임은 로우파이 프로토타입임

> **오답 피하기**

- ② 디지털 와이어프레임 : 미드파이(Mid-Fi) 프로토타입
- ③ 코드화된 프로토타입 : 하이파이(Hi-Fi) 프로토타입
- ④ 인터랙티브 프로토타입 : 하이파이(Hi-Fi) 프로토타입

58 ④

모바일용 웹페이지를 제작할 때는 다양한 모바일 기기의 화면 해상도, 반응형 디자인과 사용자 경험, 빠른 로딩 속도 등을 고려함. 프린트 레이아웃 최적화는 주요 고려 사항이 아님

59 ③

로그인 페이지가 복잡한 인터페이스를 제공하면 사용자 경험이 저하되므로, 직관적이고 사용하기 쉬운 인터페이스를 제공하도록 함

60 ①

웹 표준 검사는 디자인과 색상보다는 주로 코드의 적합성과 브라우저 호환성을 검사함

MEMO

MEMO

MEMO